Hofladenküche

Regina Schneider

Hofladen Küche

regional · saisonal · köstlich

Fotografie: Julia Bengeser

DK

Inhalt

Hereinspaziert in die Hofladenküche

Schon einmal ein Glas frische, kühle Buttermilch direkt auf dem Bauernhof getrunken? Nein? Dann ist es höchste Zeit, einmal im Hofladen einzukaufen! Alle, die Spaß am Kochen und Genießen haben, wissen sowieso: Gutes Essen fängt beim Einkauf an. Und im Hofladen, zwischen gackernden Hühnern und meckernden Ziegen, wird Einkaufen zum reinen Vergnügen.

Immer mehr Menschen wollen wissen, wo und wie ihr Obst und Gemüse angebaut werden, woher Milch, Käse und Fleisch stammen. Hinter den Hofläden stehen in der Regel engagierte Landwirte, die nach strengen Regeln produzieren, und Lebensmittelhändler, die auf die Qualität ihrer Produkte achten. Wer Kartoffeln, Käse und mehr direkt beim Bio-Bauern oder auf dem Bauernmarkt einkauft, hat die Gewähr, gute Produkte aus der Region zu erhalten. Obendrein leistet er einen Beitrag zum Schutz von Natur und Umwelt und tut etwas fürs grüne Gewissen. Doch letztendlich entscheidet der Geschmack: Gemüse frisch vom Hof, naturbelassenes Obst aus der Region und Fleisch aus artgerechter Haltung schmecken einfach besser.

Für Feinschmecker sind in manchem Hofladen außerdem wiederentdeckte alte Getreide- und Gemüsesorten eine Quelle kulinarischer Überraschungen: So werden Linsen in unseren Breiten wieder angebaut, Ziegenkäse frisch vom Ziegenhof wird mehr und mehr zur Delikatesse und mit exotischen Getreidealternativen wie Quinoa experimentieren einige Landwirte so wie einst mit der Kartoffel, die ja ursprünglich auch aus Südamerika stammt.

Meine Rezepte richten sich nach dem Takt der Jahreszeiten, denn schließlich sind die Produkte der Saison am günstigsten und schmecken am besten: Ich freue mich im Frühjahr immer auf Erbsensuppe mit Minze und Gänseblümchen oder Portulaksalat mit Bockshornklee, im Sommer verkoche ich den Überschuss an Tomaten zu Tomatenkonfitüre, im Herbst ist für mich Kürbis eindeutig der Küchenstar und im Winter sorgen Teltower Rübchen oder eine Forelle im Wirsingblatt für Abwechslung auf dem Teller. Mein selbst gebackenes Haselnussbrot dagegen hat immer Saison und ist bei Familie und Freunden heiß begehrt.

Also: Genießen Sie den Einkauf auf dem Bauernhof, wo die Welt vielleicht tatsächlich noch ein klein bisschen mehr in Ordnung ist. Und wenn Sie mit prall gefülltem Einkaufskorb nach Hause kommen, können Sie loslegen: Entfalten Sie am Herd kräftig Bio-Energie und vor allem einen gesunden Appetit!

Messertuch

Frühling

Kräuter & Co.

Im Frühling beginnt die Kräutersaison. Frische Kräuter sind empfindlich und verlieren bei falscher Behandlung schnell Form und Aroma. Deswegen gilt: Nach dem Waschen vorsichtig trocken tupfen, in ein feuchtes Küchentuch wickeln oder in eine Plastiktüte geben und im Gemüsefach des Kühlschranks lagern. So halten sie sich 1–2 Wochen.

Frankfurter Grüne Soße

Für 4–6 Portionen

4 Eier | 500 g grüne Kräuter (Petersilie, Schnittlauch, Kerbel, Gartenkresse, Pimpernelle, Borretsch und Sauerampfer) | Saft von 1 Zitrone | 2 EL Sonnenblumenöl | 1 EL Senf | 1 TL Salz | 400 g Sauerrahm | 400 g Naturjoghurt (3,5 %) | Pfeffer

Eier hart kochen, abschrecken und pellen. Kräuter mit dem Wiegemesser klein schneiden und mit dem Stabmixer pürieren. Kräuter, Zitronensaft, Sonnenblumenöl, Senf und Salz in einer Schüssel verrühren. Sauerrahm und Naturjoghurt dazugeben, unterrühren und mit Pfeffer abschmecken. Die hartgekochten Eier halbieren und dazu servieren.

TIPP Dazu passen junge Pellkartoffeln oder Bratkartoffeln.

Salsa verde

Für 4 Portionen

4 Sardellenfilets aus dem Glas | Saft von 1 Zitrone | 2 TL Kapern | 1 TL Dijon-Senf | 2 Knoblauchzehen | grobes Meersalz | je 1 Bund Petersilie, Basilikum und Minze | 4 EL Olivenöl | Salz, Pfeffer

Sardellenfilets waschen, mit Küchenkrepp trocken tupfen. Mit Zitronensaft, Kapern, Senf, Knoblauch und Meersalz im Mörser zerreiben oder mit dem Stabmixer pürieren. Kräuterblättchen abzupfen, mit dem Olivenöl portionsweise zur Sardellenpaste geben und pürieren. Mit Salz und Pfeffer abschmecken.

Petersilienpesto

Für 4 Portionen

50 g Parmesan | 2 Knoblauchzehen | 50 g glatte Petersilie | 30 g krause Petersilie | 50 g Sonnenblumen- oder Pinienkerne | 125 ml Olivenöl | Pfeffer

Parmesan reiben. Knoblauch schälen. Petersilie, Knoblauch und Sonnenblumen- oder Pinienkerne im Mörser fein zerstoßen oder mit dem Stabmixer fein pürieren. Das Olivenöl langsam zugeben und den Parmesan unterrühren. Mit Pfeffer abschmecken.

TIPP Mit weiteren Kräutern wie z. B. Bärlauch (s. Foto rechts), Estragon, Kerbel oder Basilikum verfeinern.

Sauerampfer-Brunnenkresse-Mayonnaise

Für 4 Portionen

1 Bund Brunnenkresse | 1 Bund Sauerampfer | 200 ml Mayonnaise (s. Grundrezept rechts) | Salz, Pfeffer

Dicke Brunnenkresse- und Sauerampferstiele entfernen. Kräuter fein hacken und mit der Mayonnaise vermengen. Mit Salz und Pfeffer abschmecken.

TIPP Passt zu Nudelsalat, Gemüse- und kalten Fleischgerichten.

ESTRAGON-KORIANDER-MAYONNAISE
Anstelle von Brunnenkresse und Sauerampfer 1 Bund frisches Koriandergrün und 5 Stängel Estragon verwenden. Ergibt etwa 4 Portionen. Passt zu Kartoffeln, Salaten und kaltem Braten.

Grundrezept Mayonnaise

Für 4 Portionen

1 großes Eigelb | 1 TL Senf | Saft von ½ Zitrone | 150 ml Olivenöl | Salz, Pfeffer

Alle Zutaten müssen Raumtemperatur haben. Eigelb, Senf und die Hälfte des Zitronensafts in eine Schüssel geben und verrühren. Das Öl tropfenweise dazugeben und weiterrühren, bis eine dicke Paste entstanden ist. Das restliche Öl in einem dünnen Strahl einfließen lassen und dabei die Creme mit dem Schneebesen oder dem elektrischen Handrührer aufschlagen. Mit dem restlichen Zitronensaft, Salz und Pfeffer abschmecken.

TIPP Kaloriensparer können die Hälfte der Ölmenge durch Frischkäse ersetzen.

Radieschensuppe

Für 4 Portionen

1 Bund Radieschen mit Blättern
1 kleine Lauchstange
3 EL Maisstärke
2 EL Butter
Meersalz, weißer Pfeffer
100 g Sahne

Radieschenwurzeln und Blätter abschneiden. Blätter klein schneiden, Radieschen in feine Scheiben (3 mm) hobeln. Lauch in Ringe schneiden. 1½ l Salzwasser in einem Topf zum Kochen bringen. Eine Schale kaltes Wasser bereitstellen. Etwa 3 EL Radieschenscheiben 1–2 Minuten im kochenden Wasser blanchieren und mit kaltem Wasser abschrecken. Gut abtropfen lassen und beiseitestellen.

Restliche Radieschenscheiben und die Lauchringe in den Topf geben, bei mittlerer Hitze 4–5 Minuten köcheln. Radieschenblätter dazugeben und weitere 5 Minuten köcheln. Vom Herd nehmen und mit dem Stabmixer sehr fein pürieren. Durch ein Sieb streichen und zurück in den Topf geben. Nochmals aufkochen lassen, dann die Maisstärke unter ständigem Rühren einstreuen. Butter einrühren und die Suppe mit Salz und Pfeffer abschmecken. Auf Teller verteilen und je 2–3 EL Sahne in die Mitte geben. Mit den beiseitegelegten Radieschenscheiben nett dekorieren und sofort servieren.

Erbsensuppe mit Minze und Gänseblümchen

Erbsen gehören zu den vitaminreichsten Hülsenfrüchten und den leckersten Frühlingsboten. Wie Samen, Kerne und Nüsse sind sie reich an Mineralstoffen und pflanzlichem Eiweiß.

Für 4 Portionen

600 g Erbsenschoten
1 kleine Schalotte
200 g mehlig kochende Kartoffeln
1 EL Butter
1 l Gemüsebrühe
200 g Sahne
Salz, Pfeffer
1 Handvoll Minzeblättchen
1 Handvoll Gänseblümchen

Erbsen palen. Dazu den Faden an der Längsseite abziehen. Mit leichtem Druck auf die »Nahtstelle« lässt sich die Hülse öffnen. Mit dem Daumen die Erbsen von oben nach unten aus der Hülse lösen. Die Hülsen wegwerfen.

Schalotte und Kartoffeln schälen und fein würfeln. Butter in einem Topf erhitzen. Schalottenwürfel darin glasig dünsten. Kartoffeln dazugeben und kurz mitgaren. Gemüsebrühe angießen und alles 15–20 Minuten köcheln. Erbsen zu den Kartoffeln geben und weitere 5 Minuten köcheln. Suppe mit dem Stabmixer pürieren. Sahne dazugießen und einrühren. Alles mit Salz und Pfeffer abschmecken. Auf Teller verteilen, mit Minze und Gänseblümchen dekorieren.

Suppenzauber

Möhrencremesuppe

Für 4 Portionen

1 Frühlingszwiebel | 800 g junge Möhren mit Kraut | 2 EL Olivenöl | 1 Lorbeerblatt | 1 TL gemahlener Kreuzkümmel | 1 TL Cayennepfeffer | 1 TL gemahlener Koriander | 2 TL edelsüßes Paprikapulver | 1½ l Hühner- oder Gemüsebrühe | 2 cm Ingwerwurzel | 200 g frischer Ziegenquark | 2 EL Crème fraîche

Frühlingszwiebel grob hacken. 1 Stängel Möhrenkraut fein hacken. Möhren mit der Schale grob hacken. Olivenöl in einem großen Topf erhitzen, Möhren und Zwiebel dazugeben. Bei fast geschlossenem Deckel etwa 10 Minuten dünsten. Gewürze dazugeben, 2 Minuten unter Rühren mitdünsten. Hühner- oder Gemüsebrühe angießen. Suppe aufkochen und 20–25 Minuten garen. Ingwer schälen und fein reiben. 10 Minuten vor Ende der Garzeit zur Suppe geben.

Lorbeerblatt entfernen, Suppe vom Herd nehmen. Mit dem Stabmixer fein pürieren. In den Topf zurückgeben, erwärmen und auf Teller verteilen. Ziegenquark mit Crème fraîche verrühren, je 1 Klecks in jeden Teller geben. Mit Möhrengrün dekorieren.

Petersilienwurzelessenz

Für 4 Portionen

1 l Gemüsebrühe | 500 g Petersilienwurzeln | 1 Bund Petersilie | Salz, Pfeffer | 60 g Sonnenblumenkerne | 50 g Pecorino | 1 Knoblauchzehe | 80 g Brunnenkresseblätter | 80 g Kapuzinerkresseblätter | 125 ml Olivenöl

Gemüsebrühe in einem Topf aufkochen. Petersilienwurzeln schälen, in Scheiben schneiden, in die Brühe geben und zugedeckt 30–40 Minuten köcheln lassen. Petersilienblättchen hacken, dazugeben. Weitere 10 Minuten garen. Brühe durch ein Sieb abgießen, warm halten. Salzen und pfeffern.

Sonnenblumenkerne in einer Pfanne ohne Fett goldbraun rösten. Pecorino fein reiben. Knoblauch schälen und grob hacken. Sonnenblumenkerne, Pecorino, Knoblauch, Brunnenkresse und Kapuzinerkresse unter Zugabe des Olivenöls mit dem Stabmixer pürieren. Mit Salz und Pfeffer abschmecken. Zur Petersilienwurzelessenz servieren.

Bärlauchsuppe

Für 4 Portionen

2 Lagen TK-Blätterteig | 50 g Bärlauch | 50 g frischer Blattspinat | 1 kleine Zwiebel | 1 EL Butter | 1 EL Weizenvollkornmehl | 500 ml Gemüsebrühe | 200 g Sahne | 2 Eigelb | Salz, Pfeffer

Blätterteig auftauen. Backofen auf 200 °C Ober-/Unterhitze vorheizen. Bärlauch und Spinat in feine Streifen schneiden. Zwiebel schälen und fein hacken. Butter in einem Topf erhitzen. Zwiebel 2–3 Minuten anschwitzen, mit Mehl bestäuben. Gemüsebrühe angießen. Alles aufkochen, Spinat und Bärlauch dazugeben und 2 Minuten köcheln. Vom Herd nehmen, mit dem Stabmixer fein pürieren. Sahne und 1 Eigelb verquirlen, unter die Suppe rühren. Salzen, pfeffern und in Tassen füllen.

Aus dem Blätterteig Kreise etwas größer als der Durchmesser der Tassen schneiden. Teigkreise über die Tassen legen, an den Rändern festdrücken und mit dem restlichen Eigelb bepinseln. Tassen auf ein Backblech stellen. Suppe 10–15 Minuten auf mittlerer Schiene überbacken.

Pflücksalat mit Portulak und Bockshornkleesprossen

Portulak war bei unseren Großeltern sehr beliebt und wird inzwischen wieder häufiger angebaut. Die würzige Pflanze mit ovalen Blättchen ähnelt geschmacklich der Kresse und entfaltet ihr pikantes Aroma am besten in einem gemischten Blattsalat.

Für 4 Portionen

500 g Pflücksalat (z. B. Eichblattsalat, Lollo, Schnabelsalat)
50 g Portulak
50 g Bockshornkleesprossen
1 kleine Schalotte
2 EL Apfel-Holunderblüten-Essig
2 EL Haselnusskernöl
Salz, Pfeffer
1 Prise Piment
1 Prise Rohrzucker

Pflücksalat, Portulak und Bockshornkleesprossen in eine Schüssel geben. Für die Vinaigrette die Schalotte schälen und grob hacken. Essig, Öl und Schalotte mit dem Stabmixer pürieren. Mit Salz, Pfeffer, Piment und Rohrzucker abschmecken. Vinaigrette zum Salat reichen.

TIPP Borretsch, Dill, Ringelblume, Löffelkraut, Barbarakraut, fein gehobelte Lauchzwiebeln, Möhren und Rettich passen ebenfalls in den Salat.

Lauwarmer Spargelsalat mit Zitronenmelisse und Kapuzinerkresse

Spargel lässt sich gut mit frischen Kräutern kombinieren, die im Frühjahr ihr volles Aroma entfalten. Der Zitronenduft der Melisse und die Blütenpracht der Kapuzinerkresse machen aus diesem Salat ein kulinarisches Erlebnis.

Für 4 Portionen

500 g weißer Bruchspargel
10 g Butter
Zucker, Salz
20 ml Apfelessig
20 ml Rapsöl
20 ml Sonnenblumenöl
20 ml Geflügelbrühe
½ TL Dijon-Senf
Pfeffer
Zitronensaft
1 Handvoll Zitronenmelisseblättchen
1 Handvoll Kapuzinerkresseblüten

Spargel schälen und in mundgerechte Stücke schneiden. Butter in einem Topf erhitzen, Spargel dazugeben, mit Zucker und Salz würzen. 500 ml Wasser angießen. Alles aufkochen und den Spargel etwa 25 Minuten bei kleiner Hitze garen. Abgießen und warm halten.

Für die Vinaigrette Apfelessig, Rapsöl, Sonnenblumenöl, Geflügelbrühe und Dijon-Senf aufschlagen. Mit Salz, Pfeffer, Zucker und 1–2 Spritzern Zitronensaft abschmecken. Die Vinaigrette über den warmen Spargel geben. Zitronenmelisseblättchen unterheben und auf Tellern verteilen. Mit Kapuzinerkresseblüten dekorieren.

Frühlingssandwich mit Rucola

Für 4 Portionen

250 g Schafs- oder Ziegen-frischkäse
3 EL Sahne
100 g Rucola
1 Knoblauchzehe
Salz, Pfeffer
4 dicke Scheiben Landbrot

Backofen auf 180 °C Ober-/Unterhitze vorheizen. Frischkäse in einer Schüssel gut mit der Sahne vermengen. Rucola fein hacken. Knoblauch schälen und fein hacken. Beides mit dem Frischkäse vermengen. Masse kräftig mit Salz und Pfeffer abschmecken.

Brotscheiben auf dem Backofenrost 5–6 Minuten kross aufbacken. Herausnehmen und mit dem Frischkäse bestreichen.

TIPP Besonders aromatisch schmeckt der Frischkäse mit wildem Rucola.

KRÄUTERFRISCHKÄSE Auch Koriandergrün, Petersilie, Minze, Thymian, Schnittlauch oder Estragon eignen sich als Würze für Kräuterfrischkäse: Jeweils 1 EL fein gehackte Kräuter mit 1 EL Frischkäse vermengen.

Schnittlauchbrot mit Fassbutter und Zitronensalz

Zu einem duftenden Bauernbrot frisch aus dem Ofen gehört nach alter Tradition Fassbutter. Diese Butter aus Rohmilch schmeckt nämlich besonders frisch und rahmig. Verfeinert wird die Butterspezialität aus dem Hofladen nur mit etwas Salz.

Für 4 Portionen

500 g (Vollkorn-)Bauernbrot
4 Bund Schnittlauch
1 Bio-Zitrone
Salz
100 g frische Fassbutter oder Bio-Sauerrahmbutter
Schnittlauchblüten

Das Bauernbrot in 2 cm dicke Scheiben schneiden. Den Schnittlauch in Röllchen schneiden und auf einen großen Teller geben. Die Zitronenschale fein abreiben, mit dem Salz in einen Mörser geben und zu feinem Zitronensalz mörsern. Die Brotscheiben mit der Butter bestreichen und mit Zitronensalz würzen. Dann mit der gebutterten Seite in die Schnittlauchröllchen drücken. Schnittlauchbrote mit frischen Schnittlauchblüten dekorieren.

RETTICH- UND RADIESCHENBROT Fassbutterbrote mit dünn gehobelten Radieschen oder Rettich und fein geschnittenem Knoblauchgrün belegen.

KRÄUTER- UND GEWÜRZSALZ Fenchelsamen, Rosmarinnadeln, getrockneten Oregano, Thymian oder Majoran jeweils mit der dreifachen Menge Salz im Mörser fein zerreiben. Gewürzsalz mit frischen Kräutern am selben Tag verwenden, da das Aroma rasch verfliegt.

Tarte mit Staudensellerie

Für 1 Tarteform, 26 cm Ø

1 Bund Staudensellerie
Salz
3 Zwiebeln
20 g Butter
150 g Parmesan
1 EL Maisstärke
250 g Sauerrahm
4 Eier
½ TL geriebene Muskatnuss
Pfeffer
300 g Dinkelblätterteig (Kühlregal)

Backofen auf 200 °C Ober-/Unterhitze vorheizen. Tarteform kalt ausspülen. Den Staudensellerie in Stangen zerteilen und die Fäden ziehen. Salzwasser in einem großen Topf erhitzen, die Stangen hineingeben und bei mittlerer Hitze etwa 25 Minuten garen. Abgießen und den Sellerie abkühlen lassen.

Zwiebeln schälen und fein in Ringe hobeln. Butter in einer Pfanne schmelzen, Zwiebelringe darin 3–4 Minuten anschwitzen und beiseitestellen. Parmesan reiben. Maisstärke, Sauerrahm und Eier in einer Schüssel verquirlen, Zwiebeln und Parmesan dazugeben. Die Masse mit Muskatnuss, Salz und Pfeffer würzen.

Die Tarteform mit dem Blätterteig auskleiden. Ränder mit einem scharfen Messer abschneiden. Selleriestangen sternförmig auf den Teig legen. Zwiebelmasse darauf verteilen. Tarte erst etwa 10 Minuten auf der untersten und dann 40–50 Minuten auf der mittleren Schiene backen. Warm oder kalt als Vorspeise oder Hauptgericht servieren.

TIPP Dazu passt grüner Salat.

GORGONZOLATARTE Statt Parmesan kleine Stücke Gorgonzola und gehacktes Fenchelkraut oder Dillspitzen unter die Zwiebelmasse heben.

Teigtaschen mit Kerbelquark

Kerbel gibt es von März bis August. Er verstärkt das Aroma anderer Kräuter und seine filigranen Blättchen verleihen Suppen und Salaten einen frischen, leicht anisartigen Geschmack.

Für 4 Portionen

Nudelteig:
200 g Mehl
1 EL Sonnenblumenöl
2 Eier

Füllung:
200 g Kerbel
50 g Schnittlauch
100 g Parmesan oder Emmentaler
1 Bio-Zitrone
200 g Magerquark oder Frischkäse
1 Ei
Salz, Pfeffer
1 Eiweiß
100 g Butter

Für den Teig Mehl, Öl und Eier in eine Schüssel geben und gut vermengen. Den Teig von Hand auf der Arbeitsfläche so lange kneten, bis er elastisch und glatt ist. Unter einer umgekehrten Teigschüssel bei Raumtemperatur 30–60 Minuten ruhen lassen.

Für die Füllung die Kerbelblättchen abzupfen. 5 Stängel beiseitelegen. Die restlichen Stiele fein hacken, in einen Topf geben und mit kochendem Wasser 1–2 Minuten blanchieren. Abtropfen und auskühlen lassen. Schnittlauch in feine Röllchen schneiden. Parmesan oder Emmentaler fein reiben. Zitronenschale abreiben. Quark (falls verwendet) abtropfen lassen. Quark oder Frischkäse in eine Schüssel geben. Mit Kerbel, Schnittlauch, Zitronenschale und Ei vermengen. Mit Salz und Pfeffer abschmecken.

Den Nudelteig halbieren und 2 gleich große, 2 mm dicke Teigplatten ausrollen. Im Abstand von 4 cm je 1 EL Füllung daraufgeben. Zwischenräume mit Eiweiß bestreichen. Die zweite Teigplatte auflegen. Die Zwischenräume andrücken. Quadrate ausschneiden oder mit dem Teigrädchen ausradeln.

Salzwasser in einem großen Topf aufkochen. Teigtaschen hineingeben und 6–7 Minuten bei kleiner Hitze garen. Mit dem Schaumlöffel herausheben und abtropfen lassen. Butter in einem Topf zerlassen. Vom restlichen Kerbel die Blättchen abzupfen und in der Butter aufschäumen. Teigtaschen dazugeben und in der Butter schwenken. Mit der Kerbelbutter servieren.

SELBST GEMACHTER JOGHURTFRISCHKÄSE 500 g Sahnejoghurt (10 %) und 500 g Naturjoghurt (3,5 %) mit 1 TL Salz verrühren. Ein Küchensieb mit einem Tuch auslegen, die Joghurt-Salz-Mischung einfüllen und etwa 12 Stunden abtropfen lassen. Fertigen Frischkäse mit 1 EL Olivenöl verrühren und mit feinem Meersalz abschmecken.

Grüner Spargel mit Morcheln

Für 4 Portionen

1½ kg grüner Spargel
Salz, Zucker
Eiswasser
500 g Ackerbohnen in der Schote
120 g frische Morcheln
90 g Butter
100 ml Gemüsebrühe
60 g Butter
Pfeffer

Spargel nur im unteren Drittel schälen. Stangen auf etwa 15 cm Länge kürzen und in einen großen Topf mit kochendem Wasser geben, mit je 1 TL Salz und Zucker würzen. In 8–10 Minuten bissfest garen. Herausheben, in gesalzenem Eiswasser abschrecken und gut abtropfen lassen. Ackerbohnen aus den Schoten lösen, im siedenden Salzwasser 3–5 Minuten blanchieren. Abgießen und die Haut ablösen. Bohnen beiseitestellen.

Morcheln vom Sand befreien. Große Köpfe halbieren. 30 g Butter in einer Pfanne zerlassen, aufschäumen lassen, Morcheln dazugeben, salzen und 1–2 Minuten dünsten. Mit Gemüsebrühe ablöschen. Unter Rühren köcheln lassen, bis die Flüssigkeit fast verkocht ist. Restliche Butter in einer Pfanne zerlassen, Spargel und Ackerbohnenkerne darin erwärmen. In eine Schüssel geben, Morcheln darauf verteilen.

Weißer Spargel mit Kräuter-Hollandaise

Für 4 Portionen

1½ kg weißer Spargel
200 g Butter
Salz, Zucker
1 Schalotte
2 EL Weißweinessig
8 EL Weißwein
ein paar Estragonblättchen
ein paar Petersilienblättchen
1 Lorbeerblatt
Pfeffer
3 Eigelb
Cayennepfeffer
Zitronensaft

Spargel schälen und die holzigen Stielenden abschneiden. 20 g Butter in einem großen Topf zerlassen. Spargel hineinlegen und mit je 1 TL Salz und Zucker würzen. 250 ml Wasser angießen und aufkochen lassen. Spargel zugedeckt bei mittlerer Hitze in etwa 30 Minuten bissfest garen. Herausheben und warm halten.

Restliche Butter in einem Topf zerlassen. Bei kleiner Hitze köcheln lassen, bis sich hellbraune Flocken bilden. Vom Herd nehmen. Schalotte schälen und fein hacken. Weißweinessig und Weißwein in einem Topf aufkochen. Schalotte, Estragon, Petersilie, Lorbeerblatt, Pfeffer und 2 EL Wasser dazugeben. Flüssigkeit auf etwa drei Viertel einkochen. In eine Metallschüssel abseihen und auf ein Wasserbad stellen. Eigelbe nacheinander unter Rühren dazugeben. Soße aufschlagen, bis sie eine cremige Konsistenz hat. Vom Wasserbad nehmen. Zerlassene Butter erst tropfenweise, dann in einem dünnen Strahl einrühren. Soße mit Salz, Cayennepfeffer und Zitronensaft abschmecken und zum Spargel servieren.

braun
ONE WORLD
KAMBLY

Handgeschabte Petersilienspätzle

Für 4 Portionen

100 g Petersilie
1 Ei
4 Eigelb
160 g Weizenmehl
1 EL Mineralwasser
Salz
Eiswasser
50 g Butter

Salzwasser in einem großen Topf zum Kochen bringen. Petersilienblättchen von den Stielen zupfen. Petersilie, Ei und Eigelbe mit dem Stabmixer pürieren und in eine Schüssel füllen. Das Mehl nach und nach über die Eimasse sieben und unterrühren. Mit Mineralwasser und Salz zu einem elastischen Teig vermengen. So lange rühren, bis der Teig Blasen wirft und zähflüssig vom Löffel tropft.

Teig dünn auf ein Spätzlebrett oder ein dünnes Holzbrett streichen. Mit Teigschaber, Messer oder Palette feine Streifen ins kochende Salzwasser schaben. Spätzle nach etwa 3 Minuten mit einem Schaumlöffel herausheben, in Eiswasser abschrecken. Mit dem restlichen Teig ebenso verfahren. Spätzle gut abtropfen lassen. Butter in einer Pfanne zerlassen. Spätzle 2–3 Minuten darin schwenken.

TIPP Petersilienspätzle passen zu Fleisch-, Wild- und Geflügelgerichten.

KLASSISCHE SPÄTZLE Die Petersilie weglassen.

MEDITERRANE KRÄUTERSPÄTZLE Statt Petersilie Thymian- und Korianderblättchen oder frischen Bärlauch pürieren.

Rübstiel
Bund 0,60
Kiwi
Preis: 0,25 €
Bio Bauer Palm

12.6.12

Die Beetfamilie

aus Nordrhein-Westfalen

Seit 25 Jahren betreibt Familie Palm in Bornheim-Uedorf, zwischen Köln und Bonn, Landbau auf den Äckern ihrer Vorfahren, deren Wurzeln bis in die Zeit Napoleons reichen. 1990 hat Bio-Bauer Leonhard Palm seinen Landbau von konventionell auf ökologisch umgestellt und baut inzwischen nach den strengen Regeln des Naturland-Verbandes am fruchtbaren Rheinufer gesundes Gemüse an.

Auf Freilandbeeten, im Gewächshaus oder im Folientunnel gedeihen in bester Ökoqualität köstlicher Spargel, Erdbeeren, Rhabarber und der für das Rheinland typische Rübstiel. Im Sommer gibt's überwiegend Buschbohnen, Paprika, Auberginen und Gurken, im Herbst Kürbis, Feldsalat und viele Kohlsorten. Verkauft wird das frisch geerntete Gemüse mittwochs und samstags in Bonn an der Münsterkirche und im Hofladen von Mama Palm, der auch regionales Obst, Getreide und Fleischwaren im Angebot hat. In die ökologischen Fußstapfen der Eltern sind inzwischen bereits zwei der vier Töchter getreten: Christine (21) hat Bio-Bäckerin gelernt, und Andrea (19) bereitet sich auf die Hofnachfolge vor.

Ihr grünes Wissen geben die Palms auch gerne an Städter weiter, die sich hier Gemüsebeete auf Zeit mieten können. Über 100 Kleinstlandwirte buddeln auf ihren Parzellen in der dunklen Erde und pflegen das von Bauer Palm eingesetzte Gemüse.

Rübstielsalat

Typisch Rheinland: Rübstiel, Stängelmus oder Streifmus heißt das Blattgemüse, das im Frühling überall in den Hofläden und auf den Märkten angeboten wird. Die frühen Blätter der Herbstrübe schmecken leicht säuerlich, enthalten viel Kalium, Calcium, Eisen, Provitamin A und Vitamin C. Sie entfalten ihre gesunde Wirkung vor allem roh im Salat. Die Stiele lassen sich darüber hinaus wie Spinat kochen und schmecken in dicken Gemüsesuppen oder gekocht mit Kartoffelstampf vermischt ausgezeichnet.

Für 4 Portionen

250 g junge Kartoffeln
4–6 Eier
1 Bund (etwa 250 g) Rübstiel
1 weiße Zwiebel
3 EL Apfelessig
1 EL Senf
5 EL Erdnussöl
1 TL Honig
Salz, Pfeffer

Kartoffeln in der Schale kochen, abkühlen lassen, pellen, fein würfeln. Eier in 8 Minuten hart kochen und abkühlen lassen.

Rübstiel-Stiele kürzen, Stängel und Blätter klein schneiden. Zwiebel schälen, in feine Schnitze schneiden. Eier pellen und klein hacken. Kartoffeln, Rübstiel, Zwiebel und Eier vermischen.

Aus Apfelessig, Senf, Erdnussöl und Honig eine Salatsoße anrühren. Mit Salz und Pfeffer würzen. Dressing über den Salat geben und alles vermengen.

TIPP Die köstlichen Rübstielblätter lassen sich im Pesto oder in einer würzigen Kräuterbutter kurzfristig konservieren.

RÜBSTIELPESTO 50 g Rübstielblätter im Mörser oder mit dem Stabmixer pürieren. 50 g Parmesan fein reiben. 4 Knoblauchzehen schälen und zerdrücken. Parmesan, Knoblauch und Pinienkerne zum Rübstiel geben und unter portionsweiser Zugabe von 125 ml Oliven- oder Rapsöl mit dem Stabmixer oder im Mörser zu einer dicken Paste pürieren. Rübstielpesto hält sich im Kühlschrank 1–2 Wochen.

RÜBSTIELBUTTER 125 g weiche Butter in eine Schüssel geben. 1 Handvoll Rübstielblätter und 1 Handvoll Kresse fein schneiden. 1 Knoblauchzehe schälen und fein reiben. Alles zur Butter geben und unterrühren. Mit Salz und Pfeffer würzen. In ein Schraubglas füllen und bis zum Servieren kalt stellen.

Bärlauchterrine mit Tomatenkonfitüre

Für 4 Portionen

500 g festkochende Kartoffeln
3 Frühlingszwiebeln
2 Bund Bärlauch
Salz, Pfeffer
4 Eier
100 g Crème fraîche
150 g Schmand
100 ml trockener Weißwein
1 EL scharfer Senf
250 g Strauchtomaten
50 g getrocknete Aprikosen
1 kleine Schalotte
½ Knoblauchzehe
½ Chilischote
1 EL Apfelessig
1 EL Olivenöl

Backofen auf 200 °C Ober-/Unterhitze vorheizen. Kartoffeln schälen und in feinste Scheiben hobeln. Frühlingszwiebeln in feine Ringe schneiden. Bärlauch fein hacken. Alles abwechselnd in eine Terrinenform (1½ l Inhalt) schichten, dabei jede Schicht salzen und pfeffern. Eier mit Crème fraîche, Schmand, Weißwein und Senf gut verquirlen, mit Salz und Pfeffer abschmecken, über die Kartoffeln geben. Deckel der Terrinenform auflegen. Auf mittlerer Schiene etwa 60 Minuten backen. Herausnehmen, 10 Minuten ruhen lassen und die Ränder mit einem Messer lösen. Dann die Terrine zum Servieren auf eine Platte stürzen.

Tomaten häuten, halbieren, Stielansätze und Kerne entfernen. Fruchtfleisch fein hacken und in einen Topf geben. Aprikosen fein hacken, zu den Tomaten geben und etwa 30 Minuten im Tomatenfruchtwasser quellen lassen. Schalotte und Knoblauch schälen, fein hacken. Chilischote entkernen und fein hacken. Mit Schalotte und Knoblauch zu den Tomaten geben. Alles aufkochen und etwa 20 Minuten köcheln lassen. Mit dem Stabmixer fein pürieren. Mit Apfelessig, Olivenöl, Salz und Pfeffer kräftig abschmecken. Abkühlen lassen. Zur Bärlauchterrine servieren.

Mairübchen mit rohem Schinken

Für 4 Portionen

3 Bund (etwa 750 g) Mairübchen
3 Frühlingszwiebeln
2 TL Sonnenblumenöl
2 EL Sahne
Salz, Pfeffer
200 g roher Schinken in dünnen Scheiben

Mairübchen schälen und in dünne Scheiben schneiden. Einige zarte Blätter in 2 cm breite Streifen schneiden. Rübchenscheiben in einen Topf mit kochendem Salzwasser geben. 2–3 Minuten garen, bis sie gerade noch Biss haben. Herausnehmen, abtropfen lassen und in eine Schüssel geben. Blattstreifen im kochenden Wasser etwa 1 Minute blanchieren, herausnehmen und kalt abschrecken. Frühlingszwiebeln in Ringe schneiden. Öl in einer beschichteten Pfanne erhitzen. Blattstreifen und Frühlingszwiebeln 1–2 Minuten anbraten. Mairübchen dazugeben und bei kleiner Hitze erwärmen. Mit Salz und Pfeffer abschmecken. Die Mairübchen mit dem Schinken anrichten.

Thymianlamm aus der Lehmkruste

Für 4 Portionen

800 g Lammrücken
Salz, Pfeffer
4 EL Olivenöl
3 EL Butterschmalz
6 Zweige Thymian
3 kg Lehm oder Ton (Bastelgeschäft)
1–2 EL grobes Meersalz

Lammrücken gut salzen, pfeffern und rundherum netzartig mit Küchengarn umwickeln. Olivenöl und Butterschmalz in einer Kasserolle erhitzen. Fleisch darin von allen Seiten 2–3 Minuten scharf anbraten. Vom Herd nehmen. Backofen auf 200 °C Ober-/Unterhitze vorheizen.

Die Hälfte des Thymians im Garnnetz rund um das Fleisch feststecken. Von der anderen Hälfte die Blättchen abzupfen und mit dem Lehm oder Ton verkneten. Ein paar Blättchen für die Dekoration aufheben. Lehm oder Ton mit dem Nudelholz etwa 2 cm dick zu einem großen Rechteck ausrollen. Auf ein Backblech legen. Lammrücken auf das Rechteck legen und in den Lehm oder Ton einschlagen. Die Ränder gut zusammendrücken.

Auf mittlerer Schiene 30–40 Minuten backen. Herausnehmen und die Lehm- oder Tonkruste mit einem Hammer zerschlagen. Den Lammrücken herauslösen und das Küchengarn entfernen. Mit grobem Meersalz und Thymianblättchen bestreuen.

EIER-ZITRONEN-SOSSE Passt toll zum Lammrücken: 250 ml Lammfond erwärmen (nicht kochen!). 3 Eier, 2 Eigelbe und den Saft von 2 Zitronen in eine Schüssel geben und verquirlen. Die Eier-Zitronen-Mischung löffelweise zum Lammfond geben, langsam binden lassen, mit Salz und Pfeffer abschmecken und sofort servieren.

Eier, Milch & Käse

Auf dem Bio-Bauernhof ist Gackern, Scharren und Picken erwünscht. Artgerecht gehaltene Hühner dürfen frei laufen und verspeisen pro Schnabel und Tag etwa 120 g Futter, z. B. Getreide und Erbsen, Gras und Klee aus Bio-Anbau. Im Handel unterliegen diese Eier strengster Kontrolle. *Bio-Eier* tragen immer die Kennzeichnung »0«. Hersteller, Gewicht und Inhalt müssen ausgewiesen sein.

Bio-Milch glänzt mit inneren Werten, denn Kühe, die auf der Weide stehen und mit ökologisch angebautem Futter gepäppelt werden, spenden eine besonders vitaminreiche und mineralstoffhaltige Milch – im Jahr durchschnittlich 6000 bis 8000 Liter. Frische Rohmilch von Kühen, Ziegen oder Schafen ist ein hochwertiges Lebensmittel, das ab Hof jedoch nur mit einer besonderen Lizenz abgegeben werden darf. Da Rohmilch schnell sauer wird, wird diese Milch wenige Sekunden bei 72–75 °C pasteurisiert. So hält sie sich gekühlt etwa eine Woche. Damit sich der Rahm nicht absetzt, wird auch Bio-Milch teilweise homogenisiert. H-Milch wird durch das Erhitzen auf 140 °C länger haltbar, enthält aber weniger Nährstoffe.

Aus Milch wird Käse gewonnen. *Rohmilchkäse* – eine besondere Delikatesse – ist ein vollkommen naturbelassenes Produkt. Die Milch dafür wird gereinigt und gefiltert, jedoch nicht erhitzt. In der Käseküche erfolgt der Zusatz von Labenzymen und/oder Milchsäurebakterien, um die Gerinnung der Milch herbeizuführen. Mit Ausnahme von Frischkäse müssen alle Käse ein paar Wochen oder Monate reifen, um ihr typisches Aroma zu entfalten. Butter-, Weich- oder Blauschimmelkäse benötigen nur eine kurze Reifezeit. Hartkäse wie Emmentaler, Bergkäse oder Parmesan reifen vor dem Verkauf viele Monate – manche bis zu drei Jahre.

Zickleinkeule mit Knoblauchbaguette

Für 4–6 Portionen

1 Zickleinkeule mit Knochen (etwa 1,2 kg)
Salz, Pfeffer
Olivenöl
400 ml Kalbsfond
1 Bio-Zitrone
3 Schalotten
2–3 Knoblauchknollen
2 Zweige Rosmarin
1 Zweig Salbei
1 Zweig Lorbeer
1 Baguette

Den Backofen auf 200 °C Ober-/Unterhitze vorheizen. Zickleinkeule rundherum salzen, pfeffern und mit 2 EL Olivenöl einreiben. Auf ein tiefes Backblech legen (Knochenseite nach oben), die Hälfte des Kalbsfonds angießen.

Zitrone in Scheiben schneiden. Schalotten schälen und halbieren. 1 Zehe aus einer Knoblauchknolle lösen und beiseitelegen. Knollen mit Schale quer halbieren. Alles mit den Rosmarin-, Salbei- und Lorbeerzweigen in eine Schüssel geben, mit 3 EL Olivenöl beträufeln und rings um die Keule verteilen. Auf mittlerer Schiene etwa 30 Minuten braten. Keule wenden, restlichen Fond angießen und weitere 40 Minuten braten. Dabei immer wieder mit dem Bratfond übergießen.

Keule herausnehmen und abgedeckt etwa 10 Minuten ruhen lassen. Backofentemperatur halten. Baguette in 6 mm dünne Scheiben schneiden und auf einem Backblech verteilen, mit Olivenöl einpinseln. Auf mittlerer Schiene in 5–6 Minuten goldbraun rösten. Herausnehmen und etwas abkühlen lassen. Die beiseitegelegte Knoblauchzehe schälen und halbieren. Mit den Schnittflächen die Brotscheiben einreiben und zur Zickleinkeule servieren.

Stubenkükenragout mit gebackenen Möhrchen

Für 4 Portionen

2 Stubenküken
1 Bund Suppengrün
150 g Champignons
1 Bio-Zitrone
1 Zwiebel
100 g Butter
250 ml Hühnerfond
150 g Sahne
2 Eigelb
Salz, Pfeffer
750 g junge Möhren
1 Zweig Minze
2 EL Distelöl
2 EL (Heide-)Honig
grobes Meersalz
Je ½ Bund Estragon und Kerbel

Stubenküken vierteln. Suppengemüse schälen und klein hacken. Champignons halbieren. Schale der Zitrone abreiben und den Saft auspressen. Zwiebel schälen und fein hacken. Butter in einem großen Topf zerlassen, Zwiebel darin 1–2 Minuten anbraten. Stubenküken dazugeben und unter Wenden 4–5 Minuten anbraten. Suppengemüse und Champignons dazugeben, 1–2 Minuten mitbraten. Mit dem Fond ablöschen. Bei kleiner Hitze etwa 20 Minuten garen.

Kükenviertel und Gemüse mit dem Schaumlöffel aus dem Fond heben und warm stellen. Fond bei großer Hitze auf die Hälfte einkochen lassen. Vom Herd nehmen und Sahne dazugießen. Eigelbe verquirlen, zum Fond geben und gut unterrühren. Mit etwas Zitronensaft, Salz und Pfeffer abschmecken. Kükenviertel und Gemüse wieder in der Soße erwärmen.

Für die gebackenen Möhrchen den Backofen auf 170 °C Ober-/Unterhitze vorheizen. Möhren schälen und längs halbieren oder vierteln. Minzeblättchen abzupfen und mit restlichem Zitronensaft, Zitronenschale, Distelöl und Honig zu einer Marinade verrühren. Die Möhren in eine Kasserolle geben und mit der Marinade beträufeln. Mit Meersalz und Pfeffer würzen. 30–35 Minuten auf mittlerer Schiene garen. Von Estragon und Kerbel die Blättchen abzupfen. Estragon- und Kerbelblättchen über das Stubenkükenragout geben. Die Möhrchen dazu servieren.

Erdbeergranité

Mehr als 500 verschiedene Erdbeersorten werden bei uns kultiviert. Die köstlichen Früchte variieren im Laufe der Saison in Farbe, Geschmack und Form von scharlach- bis dunkelrot, von oval bis spitzkegelförmig und von klein bis riesig. Eiskalt serviert, als Granité oder Sorbet, sind Erdbeeren eine der herrlichsten Sommererfrischungen.

Für 4 Portionen

500 g reife Erdbeeren
50 g Zucker
4 Stängel Minze

Erdbeeren entkelchen. Etwa 100 g kleine Früchte beiseitestellen. Restliche Erdbeeren in Stücke schneiden, in eine Schüssel geben, mit dem Zucker vermengen und mit dem Stabmixer pürieren. Die Masse in eine flache Schale geben und mindestens 4 Stunden tiefkühlen. Von Zeit zu Zeit mit einer Gabel durchrühren, damit sich die Eiskristalle verteilen.

Vor dem Servieren 4 Gläser etwa 30 Minuten im Tiefkühler kühlen. Das Erdbeergranité in die gekühlten Gläser füllen, mit den restlichen Erdbeeren und den Minzestängeln dekorieren.

ERDBEERSORBET 500 g Erdbeeren mit dem Saft von 1 Zitrone und 200 g Zucker pürieren. In einer tiefen Metallschüssel etwa 3 Stunden tiefkühlen, währenddessen mehrmals durchrühren. Zum Servieren mit 2 EL Nocken abstechen und auf gekühlten Tellern mit Erdbeerblüten dekorieret servieren.

Holunderblüten im Bierteig

Für 4 Portionen

75 g Butter
100 g Mehl
2 Eier
125 ml Bier
1 Prise Salz
2 EL Zucker
12–16 Holunderblütendolden mit Stiel
Butterschmalz
Puderzucker

Butter zerlassen. Mehl, Eier, Butter, Bier, Salz und Zucker in einer tiefen Schüssel zu einem dünnflüssigen Teig verrühren. Etwa 20 Minuten ruhen lassen. In der Zwischenzeit Holunderblütendolden gründlich ausschütteln – nicht waschen.

Butterschmalz in einer tiefen Pfanne erhitzen (oder in einer Fritteuse auf 180 °C aufheizen). Die Holunderblüten am Stiel fassen, einzeln in den Teig tauchen, abtropfen lassen und im siedenden Butterschmalz goldbraun ausbacken. Auf Küchenkrepp abtropfen lassen. Zum Servieren auf Teller verteilen und mit Puderzucker bestäuben.

GEBACKENER SALBEI UND ZITRONENMELISSE Genauso lassen sich auch Blätter von Salbei oder Zitronenmelisse ausbacken. Sie passen zu Eiscreme oder zum Aperitif.

Rhabarberkuchen mit Mandelbaiser

Für 1 Tarte- oder Springform, 26 cm Ø

1 kg Rhabarber
150 g Butter
125 g Zucker
1 Päckchen Vanillezucker
1 Prise Salz
1 Ei
2 Eigelb
150 g Mehl
50 g gemahlene Mandeln
50 g Maisstärke
1 TL Backpulver
1 TL gemahlener Zimt
2 Eiweiß
100 g Zucker
2 EL flüssiger Honig
50 g Mandelblättchen

Backofen auf 200 °C Ober-/Unterhitze vorheizen. Rhabarber in 2 cm lange Stücke schneiden und beiseitestellen. 125 g Butter, Zucker, Vanillezucker und Salz schaumig schlagen. Ei und Eigelbe nach und nach unterrühren.

Mehl, Mandeln, Maisstärke, Backpulver und Zimt vermengen und auf die Butter-Ei-Mischung sieben. Alles zu einem glatten Teig verrühren. Tarte- oder Springform mit der restlichen Butter ausbuttern, den Teig hineingeben und mit Rhabarberstücken belegen. Auf mittlerer Schiene etwa 45 Minuten backen.

Für die Baisermasse das Eiweiß steif schlagen, dabei den Zucker und den Honig dazugeben. Weiterschlagen, bis sich eine feste, glänzende Masse gebildet hat. Die Mandelblättchen unterheben. Kuchen herausnehmen. Die Backofentemperatur beibehalten. Die Baisermasse auf dem Kuchen verteilen. Wieder in den Backofen schieben und weitere 15 Minuten backen. Herausnehmen und auskühlen lassen.

TIPP Mit der Baisermasse lassen sich auch Gittermuster, Rosetten oder andere Verzierungen auf den Kuchen spritzen (Mandelblättchen weglassen). Dazu den Rand eines Spritzbeutels mit Loch- oder Sterntülle umschlagen, die Masse einfüllen, den Rand hochklappen und den Spritzbeutel verschließen. Baisermasse mit sanftem Druck auf den Kuchen spritzen.

APRIKOSEN- ODER BIRNENKUCHEN Dafür anstelle des Rhabarbers Aprikosen oder Birnen verwenden. Aprikosen entsteinen und vierteln, Birnen schälen, entkernen und achteln. Zubereitung und Backzeit wie oben beschrieben.

Bauernbrot mit Haselnusskernen

Für 1 Kastenform, 30 cm lang

500 g Dinkel- oder Weizenvollkornmehl (Type 1050) | 1 Würfel frische Hefe (42 g) | 1 EL Salz | 2 EL Apfelessig | 100 g Haselnusskerne | 50 g Leinsamen | Butter für die Form

Mehl in eine große Schüssel geben. Hefe in 450 ml lauwarmem Wasser vollständig auflösen. Hefewasser, Salz und Apfelessig zum Mehl geben. Alles verrühren. Der Teig soll dünnflüssig bleiben. Haselnusskerne und Leinsamen einarbeiten.

Kastenform ausbuttern, Teig hineinfüllen und auf mittlerer Schiene in den kalten Backofen stellen. Backofentemperatur auf 200 °C Ober-/Unterhitze einstellen. Brot etwa 1 Stunde backen.

10 Minuten vor Ende der Backzeit aus der Form nehmen und auf den Backofenrost legen, damit es rundherum knusprig wird. Es ist durchgebacken, wenn der Boden beim Daraufklopfen hohl klingt. Herausnehmen und auskühlen lassen. Das Brot hält sich 10–12 Tage.

Schnelles Maisbrot

Für 1 Springform, 20 cm ø

125 g Mehl (Type 550) | 1 TL Weinstein-Backpulver | 150 g Maismehl | 1 TL Salz | 1 Ei | 250 ml Buttermilch | 60 ml Olivenöl | Butter für die Form

Den Backofen auf 220 °C Ober-/Unterhitze vorheizen. Mehl und Backpulver in eine Schüssel sieben, Maismehl und Salz dazugeben. Eine Mulde ins Mehl drücken. Ei, Buttermilch und Öl verquirlen, in die Mulde gießen, alles gut verrühren.

Die Springform ausbuttern, den Teig hineinfüllen. Auf mittlerer Schiene in 25–30 Minuten goldbraun backen. Herausnehmen und auskühlen lassen.

Würziges Kartoffelbrot

Für 1 Kastenform, 30 cm lang

250 g Mehl (Type 405) | 250 g Mehl (Type 550) | 100 g gesalzene Erdnüsse | 1 ½ TL Salz | 15 g frische Hefe | 2 TL Zucker | 50 g Kartoffelflocken (Fertigprodukt) | Butter für die Form

Beide Mehlsorten in eine Schüssel geben und vermischen. Erdnüsse hacken. Mit Salz, zerbröckelter Hefe, Zucker und Kartoffelflocken zum Mehl geben. 400–450 ml lauwarmes Wasser dazugeben. Alles zu einem geschmeidigen, feuchten Teig verkneten. Kastenform ausbuttern, den Teig hineinfüllen. Zugedeckt 1 Stunde an einem warmen Ort gehen lassen.

Backofen auf 220 °C Ober-/Unterhitze vorheizen. Das Brot auf der unteren Schiene etwa 10 Minuten backen. Backofentemperatur auf 190 °C reduzieren, 40–50 Minuten weiterbacken. 10 Minuten vor Ende der Backzeit aus der Form nehmen und auf den Backofenrost legen, damit es rundherum knusprig wird. Es ist durchgebacken, wenn der Boden beim Daraufklopfen hohl klingt. Herausnehmen und auskühlen lassen.

Sommer

Alles Tomate

Tomaten-Confit

Für 4–6 Portionen

1 kg Eiertomaten | Salz, Pfeffer | 4 EL Olivenöl | 3 Knoblauchzehen | 5 Zweige Zitronenthymian | Olivenöl

Backofen auf 100 °C Ober-/Unterhitze vorheizen. Tomaten vierteln, dabei den Stielansatz entfernen. Tomatenviertel in eine Schüssel geben. Salzen, pfeffern, mit Olivenöl beträufeln und umrühren.

Knoblauchzehen schälen. 1 Knoblauchzehe halbieren und ein Backblech damit einreiben. Thymianblättchen von 4 Zweigen abzupfen und auf dem Backblech verteilen. Tomatenviertel im Abstand von je 1 cm auf den Thymianblättchen verteilen. Tomaten-Öl-Soße darübergeben.

Auf mittlerer Schiene 2–3 Stunden trocknen lassen. Dabei die Ofentür einen Spalt offen lassen. Zwischendurch bereits getrocknete Tomaten herausnehmen. Confit sofort verwenden oder in ein Glasgefäß geben, mit Olivenöl auffüllen. 1 Thymianzweig sowie restlichen Knoblauch dazugeben. Hält sich im Kühlschrank 3 Monate.

Tomatentatar

Für 4 Portionen

3 große Fleischtomaten, z. B. die Sorte Ochsenherz | 3 gelbe oder grüne Tomaten | 2 Frühlingszwiebeln | 15 Schnittlauchhalme | ½ Gurke | 2 TL frisch gepresster Zitronensaft | 4 EL Sonnenblumenöl | Pfeffer | grobes Meersalz

Tomaten mit kochendem Wasser überbrühen. Häuten, entkernen, vierteln, Stielansatz entfernen, in kleine Würfel schneiden. Frühlingszwiebeln und Schnittlauch in feine Ringe schneiden und zu den Tomaten geben. Alles auf Teller verteilen. Gurke schälen, entkernen, fein würfeln. Zitronensaft und Öl aufschlagen, mit Pfeffer abschmecken. Über das Tomatentatar träufeln. Mit grobem Meersalz bestreuen, mit Gurkenwürfeln dekorieren und sofort servieren.

Tomatenpaprikasuppe

Für 4 Portionen

1 kleine Zwiebel | 500 g Tomatenpaprika | 2 EL Olivenöl | 500 ml Gemüsebrühe | 4 EL Sahne | Salz, Pfeffer | 1 Prise Cayennepfeffer | getrockneter Oregano

Zwiebel schälen und fein würfeln. Tomatenpaprika entkernen und klein schneiden. Olivenöl in einem Topf erhitzen, Zwiebel anbraten, Paprikawürfel dazugeben, kurz mitdünsten und mit der Gemüsebrühe ablöschen. Etwa 8 Minuten garen, vom Herd nehmen und mit dem Stabmixer pürieren. Sahne unterrühren. Mit Salz, Pfeffer und Cayennepfeffer abschmecken. Auf Teller verteilen, mit Oregano bestreuen und servieren.

Tomatenketchup

Für 4 Portionen

1 kg Tomaten | 2 Knoblauchzehen | 2 kleine Zwiebeln | 1 EL Gemüsebrühe | 50 ml Apfelessig | 1 TL Currypulver | Salz, Pfeffer | 2 EL Zucker oder Honig

Die Tomaten mit kochendem Wasser überbrühen. Häuten, entkernen, vierteln und den Stielansatz entfernen. Knoblauch und Zwiebeln schälen und hacken. Knoblauch, Zwiebeln und Tomaten mit dem Stabmixer pürieren. Paste mit Gemüsebrühe, Essig und Currypulver in einen Topf geben. Aufkochen und unter gelegentlichem Umrühren 15–20 Minuten köcheln, bis die Soße eingedickt ist. Durch ein Sieb passieren. Tomatenketchup mit Salz, Pfeffer, Zucker oder Honig abschmecken. Zum Konservieren erneut aufkochen, heiß in eine Glasflasche füllen und sofort verschließen. Ketchup hält sich im Kühlschrank 3 Monate.

Wassermelonensuppe mit Zitronenmelisse

Das Fruchtfleisch der Wassermelone enthält schwarze Kerne, die man mitessen kann. Das lohnt, denn in den Samen sitzen gesunde Fette, Mineralstoffe, Eiweiß und Vitamine.

Für 4 Portionen

1 kg Wassermelone
2 reife Fleischtomaten (etwa 150 g)
1 kleine Salatgurke
1 kleine rote Chilischote
2 Scheiben Weißbrot
3 cm Ingwerwurzel
2 EL Zitronensaft
Salz
1 Handvoll Zitronenmelisseblättchen
1 Handvoll Mandelblättchen

Wassermelone schälen und entkernen. Fruchtfleisch grob hacken und in eine Schüssel geben. Tomaten mit heißem Wasser überbrühen, häuten, vierteln, dabei den Stielansatz entfernen. Fruchtfleisch zur Wassermelone geben. Gurke schälen, entkernen und grob hacken. Chilischote entkernen. Weißbrot entrinden, kurz in 250 ml warmem Wasser einweichen und ausdrücken.

Chilischote, Gurke und Weißbrot zur Wassermelonen-Tomaten-Mischung geben. Alles mit dem Stabmixer fein pürieren. Durch ein Sieb streichen. Ingwer schälen, fein reiben und mit dem Zitronensaft zur Suppe geben. Mit Salz abschmecken. Mindestens 1 Stunde im Kühlschrank kalt stellen.

Zitronenmelisseblättchen fein schneiden. Mandelblättchen ohne Fett in einer beschichteten Pfanne goldbraun rösten. Die eisgekühlte Suppe auf Teller verteilen, mit Zitronenmelisse und Mandelblättchen bestreuen und sofort servieren.

Gurkenschaumsuppe mit frischem Dill

Eisgekühlt ist Gurkensuppe ein Muss bei jeder Gartenparty. Schon im Altertum als äußeres Schönheitsmittel bekannt, macht die kalorienarme Gurke durch einen hohen Wassergehalt und viel Vitamin E in der Schale zudem auch »von innen« schön.

Für 4 Portionen

2 Salatgurken
Salz
500 ml Gemüsebrühe
250 ml Buttermilch
3 EL Naturjoghurt (3,5 %)
1 Knoblauchzehe
1 Bund Dill
3 EL Sauerrahm
1 Spritzer Weißweinessig
Pfeffer

Gurken in kleine Stücke schneiden und salzen. Mit Gemüsebrühe, Buttermilch und Joghurt mit dem Stabmixer pürieren. Knoblauch schälen und durchpressen. Dill zerzupfen (einige Dillstängel beiseitelegen). Knoblauch, Dill und Sauerrahm zur Suppe geben und diese nochmals pürieren. Mit Weißweinessig, Salz und Pfeffer abschmecken. 1–2 Stunden im Kühlschrank kalt stellen. In Gläser füllen und mit den beiseitegelegten Dillstängeln servieren.

Quinoa-Salat mit Kirschtomaten

Quinoa stammt ursprünglich aus Südamerika und wird inzwischen auch bei uns angebaut. Das kleine Inkakorn ist ein Gänsefußgewächs und gehört damit zur selben Pflanzenfamilie wie Rote Bete und Spinat. Quinoa ist glutenfrei und eine gute Alternative zu Weizen, Hafer und Roggen.

Für 4 Portionen

250 g Quinoa
Salz
150 g Rosinen
50 g Pinienkerne
50 g Haselnusskerne
50 g blanchierte Mandeln
6 Möhren (etwa 300 g)
1 kleine Dose Mais (200 g)
250 g Kirschtomaten
2 Schalotten
1 Handvoll Korianderkraut
6 EL Apfelessig
6 EL Sonnenblumenöl
2 TL Honig
Pfeffer

Quinoa in ein Sieb geben, unter fließendem kaltem Wasser waschen, um die Bitterstoffe zu entfernen, und abtropfen lassen. Salzwasser in einem Topf aufkochen, Quinoa hineingeben und bei mittlerer Hitze etwa 20 Minuten garen. Durch ein feines Sieb abgießen, mit den Rosinen vermischen und abkühlen lassen.

Pinien- und Haselnusskerne sowie die Mandeln in einer beschichteten Pfanne bei geringer Hitze ohne Fett goldgelb rösten und abkühlen lassen. Möhren schälen und in etwa 3 mm dicke Scheiben schneiden. In kochendem Salzwasser bei mittlerer Hitze bissfest garen. Mais abtropfen lassen. Kirschtomaten halbieren. Schalotten schälen und in feine Ringe schneiden. Korianderkraut grob hacken. Alles mit der Quinoa-Rosinen-Mischung vermengen.

Apfelessig, Sonnenblumenöl, Honig, Salz und Pfeffer zu einer Vinaigrette verrühren und über den Salat geben. Umrühren und den Salat etwa 30 Minuten ziehen lassen. Als Vorspeise oder Beilage zu gegrilltem Fleisch servieren.

QUINOA-POPCORN Quinoa nach Anleitung garen, abtropfen lassen, auf ein sauberes Geschirrhandtuch geben und etwa 30 Minuten trocknen lassen. Je 3–4 EL Quinoa in eine beschichtete Pfanne geben und 5–8 Minuten unter Rühren rösten. Dabei immer wieder den Deckel auflegen, da die Quinoa-Körnchen aufpoppen. Salzen, pfeffern und auskühlen lassen. Wer es scharf liebt, würzt mit etwas Cayennepfeffer.

Möhrensalat mit Brunnenkresse

Für 4 Portionen

750 g Möhren
2 Knoblauchzehen
Salz
3 EL Zitronensaft
4 EL Traubenkernöl
½ TL gemahlener Kreuzkümmel
½ TL gemahlener Piment
¼ TL gemahlener Pfeffer
150 g Brunnenkresseblätter

Möhren schälen und in dünne Scheiben hobeln. Knoblauch sehr fein schneiden, mit dem Messerrücken und etwas Salz zerdrücken. Salzwasser in einem Topf aufkochen, Möhrenscheiben hineingeben und bei mittlerer Hitze in etwa 10 Minuten bissfest garen. Abgießen und in eine Schüssel geben. Zitronensaft, Öl, Kreuzkümmel, Piment und Pfeffer verrühren, über die warmen Möhren geben und abkühlen lassen. Brunnenkresse untermengen. Salat als Vorspeise oder Beilage servieren.

Couscoussalat mit Sommergemüse

Couscous ist ein fester Bestandteil der nordafrikanischen Küchen. Seine feinen Kügelchen werden meist aus Hartweizengrieß, seltener aus Gerste hergestellt.

Für 4 Portionen

200 g Couscous
je 2 rote, gelbe und grüne Tomaten
1 Salatgurke
1 kleine Zucchini
je 1 rote, gelbe und grüne Paprikaschote
1 Bund Frühlingszwiebeln
2–3 Knoblauchzehen
Saft von 6 Zitronen
1 Bund Petersilie
1 Bund Minze
6 EL Sonnenblumen- oder Olivenöl
Salz

Couscous in eine große Schüssel geben. Tomaten halbieren und den Stielansatz entfernen. Gurke und Zucchini längs vierteln. Paprika entkernen und vierteln. Alle Gemüse in 1 cm große Würfel schneiden. Frühlingszwiebeln in feine Ringe schneiden. Knoblauch schälen und fein hacken. Alles unter den Couscous mischen. Etwas Zitronensaft zum Abschmecken zurückbehalten, den Rest über den Salat geben, einmal umrühren. Couscous über Nacht quellen lassen.

Petersilie und Minze grob hacken. Einige Petersilienblättchen für die Dekoration aufheben. Couscous mit einer Gabel zerpflücken. Petersilie und Minze zum Salat geben und alles gut durchmischen. Mit Sonnenblumen- oder Olivenöl, dem restlichen Zitronensaft und Salz kräftig abschmecken. Vor dem Servieren mit der restlichen Petersilie dekorieren.

Bohnensalat mit grünen Mandeln

Der Mandelbaum blüht bereits im Februar üppig weiß oder rosa und liefert kleine, grüne, pelzige Früchte, die im Herbst geerntet werden. Bei uns kommen junge, grüne Mandeln aus Süddeutschland im Spätsommer in kleinen Mengen auf den Markt.

Für 4 Portionen

1 Schalotte
1 EL Rotweinessig
250 g grüne Bohnen
Salz
50 g Bohnenkraut
Eiswasser
100 g Champignons
1 Salatherz (z. B. Romana)
12 grüne Mandelkerne
Saft von 1 Zitrone
3–4 EL Olivenöl
Pfeffer

Schalotte schälen, in feine Ringe schneiden und auf einen Teller geben. Rotweinessig darübergießen. Zwiebelringe etwa 30 Minuten ziehen lassen. Bohnen putzen. Salzwasser in einem Topf erhitzen, Bohnen und Bohnenkraut hineingeben. Aufkochen und bei mittlerer Hitze in 10–12 Minuten bissfest garen. Bohnen herausnehmen, in Eiswasser geben, bis sie abgekühlt sind, und abgießen.

Champignons putzen, dabei den Fuß entfernen, und in feine Lamellen schneiden. Die Blätter vom Salatherz brechen. Mandelkerne halbieren. Zitronensaft, 1 Prise Salz und Olivenöl in einer Salatschüssel verrühren. Bohnen, Champignons, Salatblätter und Mandeln dazugeben. Vorsichtig umrühren. Rotweinzwiebeln aus der Marinade über den Salat geben. Mit Pfeffer würzen und servieren.

Rucola-Fenchel-Salat

Für 4 Portionen

1 Fenchelknolle
1 Bund Rucola
1 Bund Radieschen
1 roter Apfel
4 Stängel Borretsch
1 kleine rote Zwiebel
Saft von 1 Zitrone
1 TL Balsamico-Essig
5 EL Olivenöl
1 Prise Zucker
Salz, Cayennepfeffer

Fenchel halbieren, Strunk herausschneiden und fein hobeln. Rucola zerzupfen. Radieschen putzen und fein hobeln. Apfel mit Schale vierteln, das Kerngehäuse entfernen und in dünne Spalten scheiden. Borretschblätter abzupfen. Zwiebel schälen und in dünne Ringe schneiden. Alles in einer Schüssel vorsichtig mischen.

Zitronensaft, Balsamico-Essig, Olivenöl, Zucker, Salz und Cayennepfeffer mit dem Stabmixer zu einer sämigen Soße aufschlagen. Nochmals mit Salz abschmecken. Dressing mit dem Salat vermengen.

Tomaten

Ob schwarzrot, rot, orange, violett, gelb oder grün, ob klein, oval oder fleischig – unzählige Sorten gehören zur Großfamilie der Tomaten. Die Unterschiede sind beachtlich: Bringt eine kleine Cocktailtomate 20 bis 30 Gramm auf die Waage, so wiegt eine kräftige Fleischtomate der Sorte Ochsenherz beispielsweise fast ein Kilo.

Tomaten gedeihen am besten in warmem Klima, Regen und Kälte bekommen ihnen überhaupt nicht. Ab Mitte Juni reifen sie bei uns im Freiland oder in luftigen Gewächshäusern. Je mehr Sonne sie abbekommen, umso leckerer schmecken die saftigen Früchte, die botanisch zu den Beeren gehören. Ihre Ernte zieht sich bis Ende Oktober hin.

Die fruchtigen Allrounder zählen zu den beliebtesten Gemüsen in der Bio-Küche und sind besonders wegen ihres einzigartigen Aromas beliebt. Der fleischige und kräftige Geschmack, der das spezielle Tomatenaroma auszeichnet, wird durch Braten, Grillen, Trocknen und Reifen verstärkt, sodass z. B. eine Tomatensoße aus frischen Tomaten, Tomatenmark und getrockneten Tomaten einen volleren Geschmack hat als eine Soße nur aus frischen Tomaten. Das Tomatenaroma wirkt außerdem dämpfend auf bittere und saure Noten im Essen und ersetzt teilweise Salz und andere Würze.

Die frischen Sonnenkinder gehören auf keinen Fall in den Kühlschrank. Am besten reifen sie bei Raumtemperatur in der Küche oder auf dem Fensterbrett nach. Sommertomaten lassen sich aber auch gut trocknen. Je mehr sie schrumpeln, umso mehr Aroma sammelt sich im verbleibenden Fruchtfleisch. Zum Trocknen reife, mittelgroße Früchte halbieren, entkernen und an einem trockenen, luftigen Ort auf Backpapier auslegen. Nach wenigen Tagen sind die Früchte zusammengeschnurrt. Sie können mit Kräutern und Knoblauch in Öl eingelegt und je nach Bedarf zum Würzen von Soßen oder als Vorspeise verwendet werden.

Bunte Zucchinitarte

Für 1 Backblech, 30 x 40 cm

500 g Dinkelvollkornmehl
1 ½ TL Salz
25 g frische Hefe
150 ml Milch
2 EL Sonnenblumenöl
250 g grüne Zucchini
250 g gelbe Zucchini
1 weiße Zwiebel
1 Knoblauchzehe
150 g Parmesan
10 getrocknete Tomaten in Öl
4 EL Olivenöl
1 TL getrockneter Thymian
200 g Ricotta
1 Handvoll Basilikumblättchen
Pfeffer

Mehl und Salz in einer Schüssel vermischen. Hefe in 3 EL lauwarmem Wasser auflösen. 150 ml Milch und 150 ml lauwarmes Wasser vermengen. Sonnenblumenöl und die aufgelöste Hefe dazugeben. Alles verrühren und zum Mehl in die Schüssel geben. Mit beiden Händen zu einem geschmeidigen Teig kneten. Abgedeckt an einem warmen Ort etwa 30 Minuten gehen lassen.

Die Hälfte der Zucchini in 2–3 mm dicke Scheiben, die andere Hälfte in feine Würfel schneiden. Zwiebel und Knoblauchzehe schälen, halbieren und ebenfalls fein schneiden. Parmesan reiben. Getrocknete Tomaten abtropfen lassen. 1 EL Olivenöl in einem Topf erhitzen, Zucchiniwürfel, Knoblauch und Thymian dazugeben. Mit geschlossenem Deckel etwa 10 Minuten dünsten. Vom Herd nehmen, Gemüse mit der Gabel zerdrücken.

Backofen auf 220 °C Ober-/Unterhitze vorheizen. Ein Backblech mit Backpapier auslegen. Den Teig nochmals kneten, in Backblechgröße ausrollen und auf das Backpapier geben. Ränder festdrücken und Boden mit einer Gabel mehrmals einstechen. Zerdrückte Zucchiniwürfel, Zucchinischeiben, Zwiebel und Ricotta auf dem Teig verteilen. Getrocknete Tomaten, Parmesan und Basilikumblättchen darüberstreuen. Mit Pfeffer würzen und restlichem Olivenöl beträufeln. Auf der unteren Schiene in 20–30 Minuten knusprig backen. Herausnehmen und warm servieren.

BEERENTARTE Teig zubereiten wie oben beschrieben. Ausrollen, auf das Backblech legen und auf der untersten Schiene bei 220 °C Ober-/Unterhitze 8–10 Minuten vorbacken. Herausnehmen und mit 150 g Mascarpone bestreichen, dabei 1–2 cm Rand frei lassen. Mit 50 g gemahlenen Mandeln bestreuen. 300 g Sommerbeeren (z. B. Erdbeeren, Himbeeren, Johannisbeeren) auf den Mandeln verteilen. 250 g Mozzarella klein schneiden und auf die Beeren geben. 100 g Rohrzucker und 1 TL Vanillezucker mischen und über die Tarte streuen. Weitere 10–15 Minuten auf der untersten Schiene backen.

Ravioli mit Mangoldfüllung und rotem Basilikum

Für 4 Portionen

250 g Mehl
70 g Hartweizengrieß
4 Eier
3 EL Sonnenblumenöl
Salz
100 g Champignons
3 kleine Schalotten
1 Knoblauchzehe
Pfeffer
1 Prise geriebene Muskatnuss
1 Staude Mangold, etwa 300 g
2 EL Semmelbrösel
1½ l Gemüsebrühe
1 Eiweiß
rote Basilikumblättchen

Mehl in eine Schüssel sieben. Grieß, 3 Eier, 1 EL Sonnenblumenöl, 1 Prise Salz und 2–3 EL kaltes Wasser hinzufügen. Alles zu einem elastischen Teig verkneten. Zur Kugel formen, in Frischhaltefolie wickeln und etwa 1 Stunde ruhen lassen.

Champignons hacken. Schalotten und Knoblauch schälen, fein hacken. Restliches Sonnenblumenöl in einer Pfanne erhitzen. Champignons, Knoblauch und Schalotten 5–6 Minuten dünsten, bis die Flüssigkeit verdampft ist. Mit Salz, Pfeffer und Muskatnuss würzen. Vom Herd nehmen, abkühlen lassen. Mangold zerteilen, Rippen aus den Blättern schneiden. Blätter in einem Topf erhitzen, bis sie zusammenfallen. In einem Sieb abtropfen lassen und fein hacken. Mit der Champignonmasse, Semmelbröseln und restlichem Ei vermischen.

Gemüsebrühe erhitzen. Ravioliteig zu 2 etwa 3 mm dicken Teigplatten ausrollen. Auf die Hälfte jeder Teigplatte im Abstand von 4–5 cm je 1 EL Füllung setzen. Zwischenräume mit Eiweiß bestreichen. Die andere Hälfte des Teiges darüberschlagen, Klebestellen gut andrücken. Quadrate ausschneiden oder Halbmonde ausstechen. Ravioli in der siedenden Brühe 8–10 Minuten ziehen lassen. Herausnehmen und auf Tellern anrichten. Mit etwas Gemüsebrühe übergießen und mit den roten Basilikumblättchen dekorieren.

Vollkornspaghetti mit Zitronen-Minz-Soße

Für 4 Portionen

200 g Vollkornspaghetti
Salz
Saft von 2 Zitronen
3 Eigelb
6 EL Olivenöl
Pfeffer
1 Handvoll Minzeblättchen
70 g Parmesan

Vollkornspaghetti in einem großen Topf mit Salzwasser nach Packungsanweisung in 8–10 Minuten al dente kochen, abgießen und warm stellen. 150 ml der Kochflüssigkeit auffangen und in einen Topf geben. Zitronensaft dazugeben und erhitzen, nicht kochen. Vom Herd nehmen. Eigelbe mit Olivenöl verrühren und diese Mischung langsam mit dem Schneebesen in die heiße Flüssigkeit einrühren, bis sie eindickt. Mit Salz und Pfeffer abschmecken. Minzeblätter und Spaghetti unter die Soße mischen. Auf Teller verteilen. Parmesan reiben und zu den Spaghetti servieren.

Sommergemüse aus dem Ofen

Knackige Sommergemüse wie Paprika, Fenchel, Tomaten, Zucchini und Möhren schmecken immer – roh, gedünstet, gebacken oder gegrillt. Vor allem die Paprikaschoten bringen Farbe und Feuer ins Essen. In den Schoten steckt außerdem ein konzentrierter Vitamincocktail. Ob leuchtend rot, grün oder gelb: Paprikaschoten sind die Lieblinge des Sommers, machen ganz nebenbei dem Stoffwechsel Beine und bringen uns in Schwung.

Für 4–6 Portionen

je 2 gelbe und grüne Paprikaschoten
500 g Fleischtomaten
4 kleine Zucchini
1 große Aubergine
2 Fenchelknollen
4 Möhren
1 Gemüsezwiebel
3 Knoblauchzehen
1 grüne Chilischote
je 2 Zweige Thymian und Rosmarin
Salz, Pfeffer
100 ml Raps- oder Olivenöl
1 TL Zucker

Den Backofen auf 220 °C Ober-/Unterhitze vorheizen. Paprikaschoten entkernen und halbieren. Tomaten achteln. Zucchini in 4 cm lange Stücke, Aubergine in 2 cm dicke Scheiben schneiden. Fenchelknollen und Möhren vierteln. Die Zwiebel schälen, längs halbieren und achteln. Knoblauch schälen.

Das Gemüse mit der Chilischote, Thymian- und Rosmarinzweigen in einen Bräter geben. Salzen, pfeffern und mit so viel Öl beträufeln, dass das Gemüse benetzt ist. Den Zucker darüberstreuen. Auf mittlerer Schiene 40–50 Minuten backen. Zwischendurch das Gemüse umrühren und eventuell nach 30 Minuten mit Alufolie abdecken, damit es nicht verbrennt.

TIPP Mit ofenfrischem, knusprigem Baguette zu gegrilltem Fleisch oder Fisch servieren.

ÜBERBACKENES SOMMERGEMÜSE Zerbröckelter Schafs- und Ziegenkäse oder geriebener Emmentaler und/oder kleine Kartoffeln machen das Sommergemüse zu einem leichten Hauptgericht. Die Gemüsesorten lassen sich immer ganz nach Geschmack und Jahreszeit ergänzen oder austauschen.

Lauwarmer Spitzkohlsalat mit frittierten Bohnenbällchen

Für 4 Portionen

1 Dose weiße Bohnen (250 g)
1 kleine Zwiebel
1 Stängel Thymian
20 g Kichererbsenmehl
Salz, Pfeffer
¼ TL gemahlener Kreuzkümmel
1 Messerspitze gemahlener Zimt
Rapsöl
2 kleine Köpfe Spitzkohl
(etwa 800 g)
1 Bund Schnittlauch
2 Stängel Petersilie
200 ml Gemüsebrühe
1 TL scharfer Senf
2 EL Weißweinessig
4 EL Kräuteröl
1 Prise Zucker

Für die Bohnenbällchen Bohnen in ein Sieb geben und mit kaltem Wasser abbrausen. Abtropfen lassen. Zwiebel schälen und fein würfeln. Thymianblättchen abzupfen. Bohnen mit einer Gabel zerdrücken. Zwiebel, Thymianblättchen, Kichererbsenmehl, Salz, Pfeffer, Kreuzkümmel und Zimt zu den Bohnen geben und alles gut vermischen. Mit feuchten Händen aus der Masse 12 Bällchen formen. Öl in einer Fritteuse oder einer beschichteten, tiefen Pfanne erhitzen. Die Bällchen portionsweise bei etwa 175 °C rundherum goldbraun frittieren, auf Küchenkrepp abtropfen lassen und beiseitestellen.

Für den Spitzkohlsalat die äußeren Blätter des Spitzkohls entfernen, die Köpfe durchschneiden und den Strunk entfernen. Blätter in feine Streifen schneiden. Schnittlauch und Petersilie fein hacken. Gemüsebrühe in einem Topf aufkochen. Spitzkohlstreifen darin 3–4 Minuten bissfest blanchieren. 3 EL Gemüsebrühe abnehmen und in eine Schüssel geben. Spitzkohl durch ein Sieb abgießen. Gemüsebrühe mit Senf, Weißweinessig und Kräuteröl verrühren. Mit 1 TL Salz, 1 Prise Zucker und etwas Pfeffer abschmecken. Spitzkohl mit den Bohnenbällchen, Schnittlauch und Petersilie in eine Schüssel geben, die Salatsoße darüberträufeln und alles gut vermengen.

TIPP Passt gut zu gegrilltem Fleisch oder Würstchen.

Auberginen vom Grill mit Majoran-Ziegenkäse

Die besten Auberginen sind klein, fleischig und dunkellila. Die Haut sollte beim Einkauf unverletzt sein und keine Druckstellen haben. Auf dem Grill entfalten sie ihr bitter-süßes Aroma, ihr Fleisch schmeckt köstlich und jeder Bissen ist gesund: Auberginen sind reich an Vitamin A, B und C. Außerdem enthalten sie wichtige Mineralstoffe.

Für 4 Portionen

8 Auberginen (15–20 cm lang)
Salz
2 Knoblauchzehen
3 EL Maiskeim- oder Olivenöl
1 Handvoll Basilikumblättchen
1 TL Paprikapulver
½ TL Cayennepfeffer
Pfeffer
1 Handvoll Majoranblättchen
250 g Ziegenfrischkäse
2 EL Sahne

Den Grill vorheizen. Stielansatz der Auberginen entfernen, die Früchte in 1½ cm dicke Scheiben schneiden. Auberginenscheiben von beiden Seiten salzen und etwa 30 Minuten ziehen lassen. Danach mit kaltem Wasser abspülen, um die Bitterstoffe zu entfernen, und mit Küchenkrepp trocken tupfen.

Knoblauchzehen schälen, grob hacken und mit dem Messerrücken auf Salz zerdrücken. In einer kleinen Schüssel den Knoblauch mit 2 EL Maiskeim- oder Olivenöl verrühren. Die Auberginenscheiben damit bestreichen. Auf den heißen Grill (oder in die Grillpfanne) legen und von beiden Seiten jeweils 2–3 Minuten grillen.

Basilikumblätter fein hacken, in eine Schüssel geben, mit dem restlichen Maiskeim- oder Olivenöl verrühren. Die Marinade mit Paprikapulver, Cayennepfeffer, Salz und Pfeffer abschmecken. Die heißen Auberginenscheiben von beiden Seiten mit der Kräutermarinade bepinseln und noch weitere 4–6 Minuten grillen.

Für den Majoran-Ziegenkäse die Majoranblättchen fein hacken. Ziegenfrischkäse in einer Schüssel mit der Sahne verrühren, die Majoranblättchen unterrühren. Mit Salz und Pfeffer abschmecken. Zu den Auberginen vom Grill servieren.

TIPP Auberginen lassen sich auch längs in größere Scheiben schneiden oder halbiert grillen. Dann muss man jedoch mit einer längeren Grillzeit rechnen. Roh schmecken Auberginen übrigens gar nicht.

Bunter Mangold aus dem Wok mit Zitronenthymian

Mangold, ein Gänsefußgewächs, war lange Zeit fast in Vergessenheit geraten, wird inzwischen aber wieder vermehrt angeboten. In vielen Varianten drängt die bunte Alternative zum Spinat in die Regale der Gemüsehändler. Rot, weiß, orange und gelb leuchten die Stiele des Mangolds, dessen grün-weiße Varietät oft mit Pak Choi verwechselt wird – einem Vertreter der Senfkohl-Familie. Mangold gilt als geschmacklicher Geheimtipp. Die Stiele erinnern an Spargel und Schwarzwurzeln, die glänzenden Blätter können wie junger Spinat zubereitet werden.

Für 4 Portionen

2–3 bunte Mangoldstauden (etwa 1 kg)
3 Stangen Staudensellerie
½ Bund Frühlingszwiebeln
2 Möhren
½ Bund Zitronenthymian
2 Knoblauchzehen
3 cm Ingwerwurzel
½ Bio-Zitrone
3 EL Rapsöl
Salz, Pfeffer

Aus den Mangoldblättern die Stiele herausschneiden und in 3–4 cm lange Stücke schneiden, die Blätter grob hacken. Selleriestangen längs vierteln und in 2–3 cm lange Stifte schneiden. Frühlingszwiebeln in Ringe schneiden. Möhren schälen, längs vierteln und in 2–3 cm lange Stifte schneiden. 1 Zweig Zitronenthymian für die Dekoration beiseitelegen, von den restlichen Zweigen die Blättchen abzupfen. Knoblauch schälen und fein hacken. Ingwerwurzel schälen und fein reiben. Schale der Zitrone abreiben und Saft auspressen.

Öl im Wok stark erhitzen. Frühlingszwiebeln und Knoblauch darin unter Rühren anbraten. Mangoldstiele, Staudensellerie und Möhren dazugeben und etwa 1 Minute weiterbraten. Mangoldblätter, Zitronenthymian, Ingwer und Zitronenschale unterrühren. Bei mittlerer Hitze unter Rühren garen. Mit Salz, Pfeffer und 2 EL Zitronensaft abschmecken. Mit dem Thymianzweig dekoriert servieren.

Grillvergnügen 1

Beim Grillen denken die meisten nur an Fleisch. Gemüse wird oft stiefmütterlich behandelt, weil keiner so recht etwas damit anzufangen weiß. Diese und die nächste Doppelseite zeigen, wie man auch dem Gemüse auf dem Grill gerecht wird – zusammen mit Fleisch oder ganz ohne. Außerdem gibt es auf Seite 79 Anregungen für leckere Dips, Salatsoße und Marinade.

Schweinelende im Speckmantel mit Honigfeigen

Für 4 Portionen

1 kg Schweinelende | 2 Knoblauchzehen | Pfeffer | 200 g Frühstücksspeck in dünnen Scheiben | 4 starke Zweige Rosmarin (15–20 cm lang) | Rapsöl zum Bestreichen | 4 frische Feigen | 2 EL Honig

Grill oder Grillpfanne vorheizen. Schweinelende in 4 Stücke schneiden. Knoblauchzehen schälen und halbieren. Mit einem scharfen Messer jeweils 1 kleine Tasche in die Lendenstücke schneiden und je ½ Knoblauchzehe hineinstecken. Ringsherum mit Pfeffer würzen.

Fleischstücke fest mit Frühstücksspeck umwickeln. Das untere Ende der Rosmarinzweige mit einem Messer anspitzen und längs durch die Lendenstücke spießen. Spieße mit Öl bepinseln. Feigen halbieren, mit Honig bepinseln und pfeffern. Fleischspieße und Honigfeigen 1–2 Minuten von beiden Seiten grillen. Feigen vom Grill nehmen und beiseitestellen. Lendenspieße in etwa 2 Minuten pro Seite fertig grillen. Feigen zum Fleisch servieren.

Bunter Lammspieß

Für 4 Portionen

1 große Zwiebel | 1 Handvoll Minzeblättchen | Saft von 1 Zitrone | 100 ml Olivenöl | Pfeffer | 1 Lorbeerblatt | 800 g Lammfleisch aus der Schulter | 12 Perlzwiebeln oder Schalotten | je 1 rote und grüne Paprikaschote | Salz

Für die Marinade die Zwiebel schälen und in feine Ringe schneiden. Zwiebel, Minze, Zitronensaft und Olivenöl, Pfeffer und Lorbeerblatt in eine Schüssel geben und verrühren. Lammfleisch in 3 cm große Würfel schneiden und in die Marinade geben. Zugedeckt mindestens 2 Stunden im Kühlschrank durchziehen lassen, gelegentlich wenden.

Grill oder Grillpfanne vorheizen. Salzwasser in einem kleinen Topf aufkochen. Perlzwiebeln oder Schalotten darin 2–3 Minuten köcheln lassen. Durch ein Sieb abgießen. Paprikaschoten entkernen, in 2 cm große Würfel schneiden. Lammfleischwürfel aus der Marinade nehmen und abwechselnd mit Zwiebeln und Paprika auf die Spieße stecken. 5–6 Minuten von allen Seiten grillen. Dabei häufig wenden, ab und zu mit der Marinade bepinseln. Mit Salz und Pfeffer würzen.

Grillvergnügen 2

Maispäckchen vom Grill

Für 4 Portionen

15 große frische Maiskolbenblätter | 2 EL Maiskeimöl | 1 Zwiebel | 2 Knoblauchzehen | 500 ml Milch | 500 ml Hühnerbrühe | 200 g Maismehl | 1–2 rote Chilischoten | 4 EL Sonnenblumenkerne | Sonnenblumen- oder Rapsöl

Maiskolbenblätter in einen Topf geben, mit kochendem Wasser übergießen und 2–3 Minuten ziehen lassen, herausnehmen und gut abtropfen lassen. Maiskeimöl in einer Pfanne erhitzen. Zwiebel und Knoblauch schälen, fein hacken. Im Öl 1–2 Minuten anbraten und beiseitestellen.

Milch und Hühnerbrühe in einen Topf geben und aufkochen. Hitze reduzieren, die Zwiebel-Knoblauch-Mischung dazugeben und langsam das Maismehl unter Rühren einrieseln lassen. Alles etwa 20 Minuten köcheln. Vom Herd nehmen und auskühlen lassen.

Grill oder Grillpfanne vorheizen. Chilischoten entkernen und klein schneiden. Sonnenblumenkerne in einer Pfanne ohne Fett anrösten und mit dem Chili zum Maisbrei geben. 12 Maiskolbenblätter ausbreiten und je 1 EL Maisbrei daraufgeben. Maisblätter wie ein Päckchen verschließen.

Restliche Maisblätter in schmale Streifen schneiden und die gefüllten Maispäckchen damit zubinden. Die Maispäckchen rundum mit Öl bepinseln und auf den heißen Grillrost legen. Auf jeder Seite 2–3 Minuten grillen.

Dips, Soßen & Grillmarinade

TOMATENDIP Wasser in einem Topf aufkochen, 150 g getrocknete Tomaten hineingeben und etwa 2 Minuten blanchieren. In einem Sieb abtropfen lassen, mit Küchenkrepp trocken tupfen und abkühlen lassen. 2 Knoblauchzehen schälen. 50 g Pinienkerne in einer beschichteten Pfanne ohne Fett goldbraun rösten. 75 g Pecorino in kleine Stücke brechen. Tomaten, Knoblauch, Pinienkerne und Pecorinostücke mit dem Stabmixer pürieren. 100–150 ml Olivenöl dazugeben und so lange aufmixen, bis eine sämige Paste entstanden ist. Mit Pfeffer abschmecken.

SCHWARZE TAPENADE 8–10 gesalzene Sardellenfilets etwa 20 Minuten wässern und abtropfen lassen. 200 g schwarze Oliven entsteinen. 1–2 Knoblauchzehen schälen. Sardellenfilets, Oliven, Knoblauch und 30 g Kapern mit dem Stabmixer fein pürieren. 6–8 EL Olivenöl dazugeben, weitermixen, bis eine dicke Paste entstanden ist. Mit Pfeffer und ½ TL Zitronensaft abschmecken. Hält sich im Kühlschrank 2 Wochen.

TAPENADE-DRESSING FÜR TOMATENSALAT 2 EL Tapenade mit 25 ml Balsamico-Essig und 50 ml Olivenöl verrühren. Mit Salz und Pfeffer abschmecken.

WÜRZMARINADE FÜR GRILLFLEISCH UND -FISCH 2 Knoblauchzehen schälen und sehr fein schneiden. Mit 4 EL Walnussöl, 1 Schuss Schwarzbier, 1 EL Dijon-Senf, 2–3 EL Tannenhonig und 1 Handvoll frische Kräuterblättchen (Rosmarin, Thymian, Oregano) verrühren. Mit edelsüßem Paprikapulver, Salz und Pfeffer würzen. Vor dem Verwenden etwa 30 Minuten ziehen lassen.

Sonnenhausener Laib
7,69
Krustenbrot
2,99
des Monats
Herrmannsdorfer Hofbrot
0,59
Dinkel-Kamut
Essenerbrot
Walnussbrot

Glonntaler
100g 189€
Alter Bergkäse
100g 239€
Junger Bergkäse
100g 179€

Der Genussnetzwerker

aus Bayern

Eine knappe Autostunde von Bayerns Hauptstadt München entfernt bietet Familie Schweisfurth in den Herrmannsdorfer Landwerkstätten allen Besuchern, die sich für Landleben und gutes Essen interessieren, ein ökologisches Rundumerlebnis. Das Beste vom Ökohof lässt sich später nach Hause tragen: Fleisch, Wurst, Käse, Brot, Wein und Bier in Bioqualität und Spezialitäten wie Öle und Konfitüren gehören zum Angebot. Wer sich von Qualität und Geschmack handgemachter Lebensmittel überzeugen möchte, kehrt vor Ort auch ein – in Gasthaus, Biergarten oder Gartencafé.

Mehr als 80 Bauern aus der Region sind inzwischen dem Verbund beigetreten und die Geschäfte blühen. Karl Schweisfurth, der den Hof seit 1996 führt, ist stolz auf diese Entwicklung. Fleischprodukte aus Herrmannsdorf gelten als Genussbestseller.

Neben dem traditionellen Metzgerhandwerk werden auf dem Hof in Käserei, Bäckerei und – wir sind in Bayern – Brauerei weitere Handwerke gepflegt. Bei Anbau und Tierhaltung garantiert das Zeichen des Biokreis-Verbandes und das Herrmannsdorfer ÖQ-Siegel die lückenlose Qualitätskontrolle, die weit über die gesetzlichen und EU-Richtlinien hinausgeht.

Hollermus mit Schmarrn

Für 4 Portionen
250 g Zwetschgen
250 g Birnen
75 g Schwarzbrotrinde
500 g reife Holunderbeeren
110 g Zucker
1 Messerspitze gemahlene Gewürznelke
½ TL gemahlener Zimt
5 Eier
250 g Mehl
375 ml Milch
100 g weiche Butter
Salz
1 EL abgeriebene Bio-Zitronenschale
100 g Rosinen
Puderzucker

Zwetschgen entkernen. Birnen schälen, vierteln, dabei das Kerngehäuse entfernen. Schwarzbrotrinde klein schneiden. Alles mit den Holunderbeeren und wenig Wasser in einem Topf bei starker Hitze aufkochen. 60 g Zucker, Gewürznelke und Zimt unterrühren. Bei kleiner Hitze in etwa 30 Minuten zu einem dicken Kompott rühren. Vom Herd nehmen und abkühlen lassen.

Eier trennen. Eigelbe und restlichen Zucker schaumig rühren, nach und nach Mehl, Milch, 30 g Butter, 1 Prise Salz, Zitronenschale und Rosinen unterrühren. Eiweiß steif schlagen und unter die Masse heben. Restliche Butter in einer großen Pfanne zerlassen. Sowie sich Bläschen bilden, den Teig etwa 1 cm hoch einfüllen. Bei mittlerer Hitze anbacken, wenden, mit 2 Gabeln in Stücke reißen und goldgelb fertigbacken. Mit Puderzucker bestreuen. Schmarrn mit dem Hollermus servieren. Schmeckt am besten gleich aus der Pfanne!

HOLUNDERBLÜTENSIRUP 1 kg Zucker mit 1½ l Wasser in einen Topf geben. Von 3 Bio-Zitronen den Saft auspressen, eine vierte Zitrone in 1 cm dicke Scheiben schneiden. Saft und Zitronenscheiben ebenfalls in den Topf geben und alles aufkochen. Bei mittlerer Hitze 2–3 Minuten kochen lassen, bis sich der Zucker aufgelöst hat. 15 Holunderblütendolden vorsichtig ausschütteln und die Stängel abschneiden. Zum Sirup in den Topf geben und unterrühren. Vom Herd nehmen und die Mischung zugedeckt etwa 3 Tage durchziehen lassen. Abseihen, in Flaschen füllen und sofort verschließen. Hält sich an einem kühlen Ort aufbewahrt etwa 6 Monate. Ergibt etwa 2 l Sirup.

ROTER HOLUNDERSIRUP 500 g Holunderbeeren in einen Topf geben. 250 g Zucker, 100 ml Rotwein und ½ Zimtstange hinzufügen. Alles bei kleiner Hitze etwa 30 Minuten einkochen. Durch ein Gazetuch abseihen und die Beeren ausdrücken. In den Topf geben, noch einmal aufkochen. Den heißen Holundersirup in eine Flasche füllen. Sofort verschließen. Hält sich an einem kühlen Ort aufbewahrt etwa 6 Monate. Ergibt etwa 500 ml Sirup.

Mirabellentarte

Für 1 Tarte- oder Springform, 26 cm Ø

250 g Mehl
½ TL Salz
150 g weiche Butter
1 Eigelb
½ TL Mandelöl
2 EL eiskalter Weißwein oder Wasser
750 g reife Mirabellen
150 g Quark (40 %)
50 ml Milch oder 50 g Sahne
2–3 EL Zucker
2 Eier
125 g gemahlene Mandeln

Mehl, Salz, 125 g Butter, Eigelb, Mandelöl, Weißwein oder Wasser rasch zu einem Teig verkneten. Zu einer Kugel rollen, in Frischhaltefolie wickeln und etwa 30 Minuten im Kühlschrank ruhen lassen.

Backofen auf 200 °C Ober-/Unterhitze vorheizen. Eine Tarte- oder Springform mit der restlichen Butter ausbuttern. Mirabellen halbieren, sodass die Hälften noch verbunden sind, und entsteinen. Für den Guss Quark, Milch oder Sahne, Zucker und Eier miteinander verrühren und beiseitestellen.

Teig aus dem Kühlschrank nehmen, ausrollen und in die Form geben. Den Boden mehrmals mit einer Gabel einstechen, die gemahlenen Mandeln darauf verteilen. Entsteinte Mirabellen mit der Innenseite nach oben auf den Boden legen. Den Guss über die Mirabellen geben. Tarte auf der untersten Schiene etwa 45 Minuten backen. Falls die Oberseite dann noch zu hell ist, die Tarte kurz unter dem Backofengrill goldgelb bräunen.

TIPP Der feine Mürbeteig lässt sich nach Belieben auch mit anderem Obst belegen, z. B. mit entsteinten Kirschen, Zwetschgen, Pflaumen oder Aprikosen.

APRIKOSENTARTE Anstelle der Mirabellen Aprikosen verwenden und die gemahlenen Mandeln durch 100 g zerdrückte Amarettini ersetzen. Statt Eierguss vor dem Backen 30 g braunen Zucker über die Früchte geben.

Rote Grütze mit Vanillesoße

Zur Roten Grütze gehören traditionell die kleinen kugeligen Sagoperlen, die mit Flüssigkeit zu gallertartigen Kugeln aufquellen. Früher wurde das stärkehaltige Mehl aus dem Mark der Sagopalme gewonnen und für Kaltschalen und für Fruchtgrützen verwendet. Heute wird Sago meist aus Kartoffelstärke hergestellt oder gleich durch Stärke ersetzt.

Für 4–6 Portionen

1 Bio-Zitrone
500 ml roter Fruchtsaft (z.B. Kirsch- oder Rhabarbersaft)
200 g Zucker
½ Zimtstange
30 g Perlsago
600 g gemischte Beeren und Früchte (Himbeeren, schwarze/rote Johannisbeeren, Erdbeeren, Kirschen)
1 Vanilleschote
400 g Sahne
4 Eigelb

Zitronenschale abreiben und mit Fruchtsaft, 150 g Zucker und Zimtstange in einem Topf aufkochen. Sago unter Rühren einrieseln lassen. 15 Minuten quellen lassen. Beeren und Früchte dazugeben, umrühren. Alles noch einmal aufkochen. Vom Herd nehmen, sobald der Sago weich geworden ist. Grütze in eine Glasschale füllen.

Vanilleschote längs aufschlitzen. Mit der Sahne in einen Topf geben und aufkochen. Vom Herd nehmen, abkühlen lassen, Vanilleschote entfernen. Eigelbe und restlichen Zucker in eine Metallschüssel geben und über dem Wasserbad schaumig rühren. Abgekühlte Vanillesahne in einem dünnen Strahl in die Eigelb-Zucker-Mischung rühren, bis eine cremige Masse entstanden ist. Durch ein Sieb streichen und zur Roten Grütze servieren.

Himbeertrifle

Für 4–6 Portionen

500 g kalte Sahne
250 g Joghurt (10 %)
200 g Baiser
500 g Himbeeren (tiefgekühlt)
ein paar frische Himbeeren

Sahne sehr steif schlagen. Joghurt mit einem Schneebesen glatt rühren und unter die Sahne heben. Baiser mit den Händen grob zerbröseln. Den Boden einer hohen Glasschüssel (etwa 20 cm ø) mit Baiserbröseln bedecken und darauf eine Schicht gefrorene Himbeeren verteilen. Mit einer Schicht Sahne-Joghurt-Mischung abdecken und mit Baiserbröseln bestreuen. Das Muster Brösel-Himbeeren-Sahne 2–3 Mal wiederholen, bis alle Zutaten verbraucht sind. Mit einer Sahne-Joghurt-Schicht abschließen. 5 Stunden in den Kühlschrank stellen. Herausnehmen, mit frischen Himbeeren dekorieren und servieren.

Gebrannte Creme mit Brombeeren

Brombeeren sind besonders köstliche Früchte des Spätsommers. Sie verfügen über einen extrem hohen Gehalt an heilsamen Pflanzenstoffen, in den Blättern stecken ätherische Öle, Gerbstoffe und Säuren, die im Winter als Tee der Heiserkeit den Kampf ansagen.

Für 4 Portionen

500 ml Milch
250 g Sahne
2 Eier
4 Eigelb
75 g Zucker
2 Vanilleschoten
250 g Brombeeren
1 EL Akazienhonig
brauner Zucker

Milch, Sahne, Eier, Eigelbe und Zucker in eine Schüssel geben. Die Vanilleschoten längs aufschlitzen, mit einem Messer das Mark herauskratzen und zur Eiermilch geben. Etwa 30 Minuten stehen lassen, bis sich der Zucker aufgelöst hat. Vanilleschote entfernen und gut umrühren.

Backofen auf 130 °C Ober-/Unterhitze vorheizen. In die Fettpfanne des Backofens etwa 2 cm hoch heißes Wasser einfüllen. Eiermilch mit dem Stabmixer pürieren und durch ein feines Haarsieb passieren. In Portionsförmchen gießen. Förmchen in die Fettpfanne im Backofen stellen. Nach etwa 30 Minuten ist die Creme gestockt. Herausnehmen und abkühlen lassen. (Bis hierhin lässt sich das Dessert auch schon am Vortag vorbereiten.)

Vor dem Servieren die Hälfte der Brombeeren mit dem Honig in eine Schüssel geben und mit dem Stabmixer zu einer Brombeersoße pürieren. (Wer die Kerne nicht mag, kann sie durch ein Sieb streichen.) Die Creme in den Förmchen dünn mit braunem Zucker bestreuen und mit dem Bunsenbrenner oder unter dem Grill karamellisieren. Mit den ganzen Brombeeren dekorieren und sofort mit der Brombeersoße servieren.

WECK

Herbst

Chutneys

Chutneys sind eine köstliche Ergänzung zu kalten oder warmen Fleisch- und Gemüsegerichten. Vor dem ersten Frost werden beispielsweise grüne Tomaten und Feigen auf den Märkten angeboten. Mit feurigen Gewürzen eingekocht, halten sie Feinschmecker den Winter über bei Laune.

Konfitüre von grünen Tomaten

Für 4 Gläser à 250 ml

500 g säuerliche Äpfel (z. B. Cox Orange) | Saft von 1 Zitrone | 1 kg grüne Tomaten | 2–3 Zwiebeln (etwa 250 g) | 3 Knoblauchzehen | 7 cm Ingwerwurzel | 300 ml Apfelessig | 250 g brauner Zucker | 150 g Korinthen | 1 EL Salz | 1 EL Koriandersamen | 2 TL Pfefferkörner | 2 TL Pimentkörner | 1 TL Gewürznelken | 2 Zimtstangen | 2–3 Chilischoten | 2 EL gelbe oder schwarze Senfsamen

Äpfel schälen, Kerngehäuse entfernen und klein schneiden. Mit Zitronensaft beträufeln. Tomaten halbieren, Stielansätze entfernen und klein schneiden. Zwiebeln, Knoblauch, Ingwer schälen und fein hacken. Apfelessig in einem Topf erwärmen, braunen Zucker dazugeben und aufkochen. Äpfel dazugeben und etwa 10 Minuten köcheln lassen.

Zwiebeln, Knoblauch, Ingwer, Korinthen und Salz zu den Äpfeln geben. Koriandersamen, Pfefferkörner, Pimentkörner, Gewürznelken und Zimtstangen in einen Teebeutel füllen. Kräutersäckchen in den Topf hängen. 40–50 Minuten im offenen Topf sanft köcheln, bis die Konfitüre dickflüssig geworden ist. Ab und zu umrühren.

Chilischoten klein schneiden. Kurz vor dem Ende der Kochzeit mit Senfsamen in den Topf geben. Vom Herd nehmen und sofort in Schraubgläser füllen, fest verschließen. Kühl gelagert hält sich die Konfitüre 1–2 Monate.

Feigenchutney

Für 4 Gläser à 200 ml

8 Feigen | 80 g getrocknete Aprikosen | 5 cm Ingwerwurzel | 1 Knoblauchzehe | 300 g rote Zwiebeln | 2 grüne Kardamomkapseln | 1 EL Walnussöl | 1 Sternanis | 70 g Zucker | 2 EL Weißweinessig | 250 ml Rotwein | Salz, Pfeffer

Feigen und Aprikosen klein schneiden. Ingwer und Knoblauch schälen und fein hacken. Zwiebeln schälen und würfeln. Kardamomkapseln im Mörser zerdrücken.

Walnussöl in einer Pfanne erhitzen. Ingwer, Knoblauch, Sternanis und Kardamom darin anrösten. Zucker, Zwiebeln und Aprikosen dazugeben, etwa 3 Minuten bei geringer Hitze garen. Essig und Wein dazugießen. Unter Rühren etwa 15 Minuten einkochen lassen.

Feigen hinzufügen und alles weitere 5 Minuten einkochen. Vom Herd nehmen, mit Salz und Pfeffer abschmecken. Feigenchutney sofort in Schraubgläser füllen und fest verschließen. Kühl gelagert hält sich das Chutney 1–2 Monate.

Preiselbeerchutney mit Mandelsplittern

Für 4 Gläser à 250 ml

500 g säuerliche Äpfel (z. B. Idared) | 250 g rote Zwiebeln | 4 cm Ingwerwurzel | 3 EL Sonnenblumenöl | 400 g brauner Zucker | 100 ml trockener Rotwein | 250 ml Rotweinessig | 500 g Preiselbeeren | 1 TL Salz | 1 Prise Muskatnuss | 5 Gewürznelken | Honig | 100 g Mandelsplitter

Äpfel schälen, Kerngehäuse entfernen und grob würfeln. Zwiebeln schälen und in feine Scheiben schneiden. Ingwer schälen und fein reiben. Öl in eine breite Kasserolle geben, die Zwiebeln darin scharf anbraten.

Ein Drittel des Zuckers einrieseln lassen und bei mittlerer Hitze in 6–8 Minuten karamellisieren.

Mit Rotwein und Essig ablöschen, restlichen Zucker zugeben und unter Rühren auflösen. Preiselbeeren, Äpfel und Ingwer dazugeben. Gewürznelken, Salz und Muskatnuss hinzufügen. Bei mittlerer Hitze in 40–50 Minuten dick einkochen.

Mit Honig abschmecken, Mandelsplitter dazugeben. Vom Herd nehmen und sofort in Schraubgläser füllen, fest verschließen. Kühl gelagert hält sich das Chutney 1–2 Monate.

Kürbissuppe

Kürbisse sind Allrounder in der Küche. In der Suppe entfaltet der Muskatkürbis, der zu den delikatesten Vertretern der Art zählt, sein feines Aroma am besten.

Für 4 Portionen

1½ l Hühnerbrühe
600 g Muskatkürbis
2 Knoblauchzehen
3 EL zarte Vollkornhaferflocken
Salz, Pfeffer
150 g Emmentaler
125 g Sahne
4 EL Kürbiskernöl

Hühnerbrühe in einen Topf geben und erwärmen. Kürbis schälen, Kerne entfernen und das Fruchtfleisch in 2 cm große Würfel schneiden. Knoblauch schälen und hacken. Kürbisfleisch mit dem Knoblauch in der Brühe bei geringer Hitze in etwa 20 Minuten garen. Die Haferflocken in die Suppe rühren, bis sie sich auflösen.

Suppe vom Herd nehmen und mit dem Stabmixer fein pürieren. Mit Salz und Pfeffer abschmecken. Emmentaler reiben und mit der Sahne in die Suppe rühren. Nochmals abschmecken. Auf Teller verteilen und mit je 1 EL Kürbiskernöl aromatisieren. Sofort servieren.

Zwiebelsuppe

Zwiebeln zählen zu den ältesten Gemüsearten überhaupt und entfalten, je nach Sorte, ein mildes oder kräftiges Aroma. Allen Sorten gemeinsam ist: Sie enthalten viele Vitamine und Mineralien.

Für 4 Portionen

5 Gemüsezwiebeln (etwa 1 kg)
2 Knoblauchzehen
60 g Butter
125 ml Weißwein oder Apfelwein
2 l Fleischbrühe
4 Zweige Thymian
2 Lorbeerblätter
Salz, Pfeffer
½ Baguette (250 g)
125 g junger Ziegengouda
1 TL Sonnenblumenöl
¼ TL Fenchelsamen

Zwiebeln schälen und fein hobeln. Knoblauch schälen und fein hacken. Butter in einer großen Kasserolle zerlassen. Zwiebeln und Knoblauch darin etwa 15 Minuten anrösten. Wein oder Apfelwein und Fleischbrühe angießen. Thymianzweige und Lorbeerblätter dazugeben. Aufkochen und unter gelegentlichem Rühren die Zwiebeln etwa 20 Minuten garen. Mit Salz und Pfeffer würzen.

Backofengrill vorheizen. Baguette schräg in 4 Scheiben (etwa 2 cm dick) schneiden und auf ein Backblech legen. Unter dem heißen Grill von beiden Seiten rösten. Ziegengouda reiben, auf den Weißbrotscheiben verteilen und nochmals übergrillen, bis der Käse geschmolzen ist. Öl in einer kleinen Pfanne erhitzen. Die Fenchelsamen darin etwa 1 Minute rösten und vom Herd nehmen. Jeweils 1 Weißbrotscheibe in Tassen oder auf Teller geben, heiße Zwiebelsuppe darübergeben und mit einigen Fenchelsamen garnieren.

Kartoffeln & Kürbisse

Sie heißen gelbfleischige Nicola, rotschalige Laura, Melina, Annabel, Ditta, Linda oder Solara, wachsen allesamt auf dem Öko-Acker und stehen für eine riesige Kartoffelvielfalt. Mehr als 400 Sorten werden allein in Deutschland angebaut. Zu den Knollen, die ohne Chemie auskommen, zählen auch alte Sorten wie Bamberger Hörnchen, Blauer Schwede oder Rote Emma, die sich lange Zeit nur noch in den Kochbüchern der Großmütter fanden.

Man unterscheidet *Kartoffeln* zum einen nach Erntezeit. Frühkartoffeln werden in Deutschland bereits ab Ende Mai geerntet, und die Kartoffelsaison endet mit den Spätkartoffeln, die meist lagerfähig sind. Die tollen Knollen überwintern gern dort, wo es dunkel, luftig und kühl ist – am liebsten also im Keller in einer Lattenkiste, damit sie atmen können.

Außerdem gibt es mehlig kochende Kartoffelsorten mit hohem Stärkeanteil, die für Pürees, Suppen und Klöße verwendet werden. Die vorwiegend festkochenden Sorten glänzen als Salzkartoffeln, Pellkartoffeln und in Eintöpfen. Und die festkochenden Sorten eignen sich bestens für Bratkartoffeln oder Salate.

Auf Platz zwei in der Beliebtheitsskala der Ackerfrüchte rangieren nach den Kartoffeln die großen und runden Verwandten von Melonen und Gurken: Esskürbisse, Renner auf den Öko-Äckern und häufig zum Selbsternten angeboten. Die kulinarischen Botschafter des Herbstes können ein stolzes Gewicht auf die Waage bringen. *Kürbisse* von über 600 Kilo sind keine Seltenheit und der größte Stolz der Züchter. Zu den beliebtesten Sorten, die in Hofläden angeboten werden, zählen Hokkaido, Butternut, Sweet Dumpling, Bischofsmütze und Spaghettikürbis. Die vielseitigen Feldfrüchte schmecken in der Suppe, als Schmorgemüse oder auch in Backwaren und sind außerdem gesund: Im Fruchtfleisch stecken reichlich Vitamine und in den Kernen erstaunliche Heilkräfte.

Kartoffel-Pastinaken-Salat mit Wachtelbohnen

Pastinaken sind dicke Wurzeln, die Petersilienwurzeln zum Verwechseln ähnlich sehen. Sie sind äußerst schmackhaft und wurden schon vor Kartoffeln und Möhren von unseren Vorfahren gekocht und gegessen. Buttrig im Geschmack passen sie zu Salaten, Suppen und anderem Gemüse.

Für 4 Portionen

500 g festkochende Kartoffeln (z. B. Linda)
300 g Pastinaken
Salz
1 TL Kümmelsamen
1 rote Paprikaschote
100 g gegarte Wachtelbohnen (oder andere Dosenbohnen)
1 kleine Schalotte
1 Bund Schnittlauch
¼ l Gemüsebrühe
4 EL Weißweinessig
1 Prise Zucker
1 EL Senf
4 EL Sonnenblumenöl
Pfeffer

Kartoffeln und Pastinaken schälen. In zwei Töpfen in Salzwasser mit je ½ TL Kümmel aufkochen. In 20–30 Minuten bei mittlerer Hitze schnittfest garen. Vom Herd nehmen, abgießen und auskühlen lassen. Kartoffeln und Pastinaken in dünne Scheiben schneiden. Paprikaschote entkernen und fein würfeln. Wachtelbohnen abtropfen lassen. Wurzelgemüse, Paprikawürfel und Bohnen in einer Schüssel mischen.

Für das Dressing Schalotte schälen und fein würfeln. Schnittlauch in feine Röllchen schneiden. Gemüsebrühe, Essig, ½ TL Salz, Zucker, Senf und Schalottenwürfel in einen Topf geben. Kurz aufkochen, vom Herd nehmen, Senf und Sonnenblumenöl einrühren. Dressing noch warm über den Salat geben und alles vorsichtig mischen. Mit Pfeffer und Salz abschmecken. Den Schnittlauch darüberstreuen. 20–30 Minuten ziehen lassen. Als Vorspeise, Zwischengericht oder als Beilage zu Fleischgerichten servieren.

Schwarzer-Rettich-Salat mit Radicchio

Für 4 Portionen

2–3 schwarze Rettiche (etwa 600 g)
Salz
50 g Radicchioblätter
2 cm Ingwerwurzel
3 EL Kürbiskernöl
2 EL Apfelessig oder Zitronensaft
Zucker, Pfeffer

Rettiche mit der Schale in hauchdünne Scheiben hobeln. In eine Schüssel geben und mit ½ TL Salz bestreuen. 15–30 Minuten ziehen lassen. Rettichscheiben ausdrücken und die ausgetretene Flüssigkeit wegschütten.

Radicchio zerzupfen. Radicchio und Rettichscheiben vermischen. Ingwer schälen und fein hacken. Ingwer, Kürbiskernöl, Apfelessig oder Zitronensaft und 1 Prise Zucker vermengen. Soße mit Salz und Pfeffer abschmecken und über den Salat träufeln.

TIPP Dazu schmeckt dunkles Malzbrot mit Fassbutter.

Süßkartoffelpuffer mit Rosmarin-Speck-Butter

Für 4 Portionen

Süßkartoffelpuffer:
1 kg Süßkartoffeln
3 Eier
2 Eigelb
150 g Sauerrahm oder Schmand (20 %)
100–150 g Dinkelmehl
2 Eiweiß
Salz, Pfeffer
Butter

Rosmarin-Speck-Butter:
1 Streifen Bio-Zitronenschale
50 g Butter
100 g Frühstücksspeck in feinen Scheiben
½ TL grob geschroteter Pfeffer
1 Zweig Rosmarin
20 g grobes Meersalz

Für die Süßkartoffelpuffer Süßkartoffeln in einen Topf mit Salzwasser geben und aufkochen. In 20–30 Minuten bei mittlerer Hitze weich kochen. Abgießen, schälen und am besten über Nacht auskühlen lassen, damit sie so viel Feuchtigkeit wie möglich verlieren.

Süßkartoffeln durch eine Kartoffelpresse drücken oder mit der Gabel fein zerdrücken. Eier, Eigelbe und Sauerrahm oder Schmand dazugeben. Zum Schluss das Dinkelmehl einarbeiten. Falls der Teig zu flüssig ist, noch etwas Mehl zugeben.

Eiweiß mit 1 Prise Salz sehr steif schlagen und unterheben. Mit 1 TL Salz und Pfeffer würzen. Butter in einer großen Pfanne zerlassen. Je 1 EL Kartoffelmasse in der Pfanne etwa 1 cm dick verstreichen. Puffer auf jeder Seite etwa 2 Minuten braten. Herausnehmen und warm halten.

Für die Speckbutter Zitronenschale in feine Streifen schneiden. Butter in einem Topf zerlassen, Frühstücksspeck mit Zitronenschale und Pfeffer hineingeben und bei geringer Hitze in 2 Minuten von beiden Seiten kross ausbacken. Rosmarinnadeln abzupfen und im Mörser mit Meersalz zerreiben, über die Speckscheiben geben. Speckbutter noch einmal kurz aufschäumen lassen und zu den Süßkartoffelküchlein reichen.

INGWERDIP 500 g Sauerrahm oder Schmand (20 %), 100 g frisch geriebene Ingwerwurzel, 4 EL Kastanienhonig, 4 EL mittelscharfen Senf, 1 Prise Cayennepfeffer, Salz und Pfeffer verrühren. Der Ingwerdip passt gut zu allen Kartoffelpuffern und ist für Vegetarier eine gute Alternative zur Speckbutter.

Lauch-Kürbis-Tarteletts

Für 6 Tartelettformen, 10 cm Ø

300 g Lauch
Salz
300 g Muskatkürbis
4 Eier
125 g Sauerrahm
2 EL Sahne
Pfeffer
gemahlene Muskatnuss
50 g Butter
100 g Emmentaler
1 Zwiebel
100 g Weizenvollkornmehl
½ TL Backpulver
½ TL Senfmehl
je 1 Prise getrockneter Estragon, Zitronenmelisse, Minze
2 EL Milch

Für die Füllung Lauch in etwa 1 cm breite Stücke schneiden, in einen Topf mit Salzwasser geben und aufkochen. Etwa 5 Minuten kochen lassen. Herausnehmen und abtropfen lassen. Muskatkürbis schälen, Kerne entfernen und Fruchtfleisch in 1 cm breite Spalten schneiden. Kürbisspalten ebenfalls 2–3 Minuten in Salzwasser garen. Abgießen und abkühlen lassen. 3 Eier, Sauerrahm und Sahne verrühren. Mit Salz, Pfeffer und Muskatnuss abschmecken. Beiseitestellen.

Backofen auf 200 °C Ober-/Unterhitze vorheizen. 6 Tartelettförmchen ausbuttern. Für den Teig Emmentaler reiben. Zwiebel schälen und fein hacken. Mehl auf ein Brett geben und mit Backpulver vermischen. In die Mitte eine Mulde drücken. 1 TL Salz, Senfmehl, Kräuter, Käse, Zwiebel, restliches Ei und die Milch in die Mulde geben. Restliche Butter in Flöckchen auf dem Mehlrand verteilen. Alles mit den Händen rasch zu einem glatten Teig verkneten.

Teig in 6 Stücke teilen und jeweils in eine Tartelettform drücken. Ränder hochziehen und festdrücken. Lauch und Kürbis auf die Förmchen verteilen. Mit der Eier-Sahne-Mischung überziehen. Tarteletts auf der untersten Schiene in 20–30 Minuten knusprig backen. Herausnehmen und warm servieren.

Honig-Feigen-Schnitten mit Ziegenfrischkäse

Fleißigen Bienenvölkern verdanken wir das Naturprodukt, das seit Urzeiten von den Menschen geschätzt wird. Köstlicher Honig ist nicht nur gesund, sondern verleiht vielen Speisen und Getränken ein unvergleichliches Aroma.

Für 4 Portionen

4 Scheiben frisches Bauernmaisbrot
100 g Ziegengouda
1 Zweig Zitronenthymian
8 frische Feigen
200 g Ziegenfrischkäse
Pfeffer
je 4 TL Walnussöl und Kastanien- oder Tannenhonig

Maisbrotscheiben goldbraun toasten und auskühlen lassen. Ziegengouda reiben. Thymianblättchen abzupfen, Feigen halbieren oder vierteln. Ziegenfrischkäse auf die Brotscheiben streichen, mit den Feigenvierteln belegen.

Mit grob gemahlenem Pfeffer und Thymianblättchen bestreuen. Walnussöl und Honig über die Brote träufeln und mit dem Ziegengouda bestreuen.

Zwiebelkuchen mit Blätterteig

Für 1 Backblech, 25 x 40 cm

1 Packung Dinkelblätterteig (Kühltheke; etwa 270 g)
100 g gemahlene Haselnusskerne
500 g Zwiebeln
150 g Speckwürfel
150 g Sauerrahm oder Schmand (20%)
2–3 Eier
½ TL Kümmelsamen
Salz, Pfeffer

Backblech mit Backpapier auslegen. Blätterteig ausrollen und auf das Backpapier legen, einen Rand formen. Boden mehrmals mit einer Gabel einstechen. Gemahlene Haselnusskerne auf den Boden streuen. Abgedeckt kühl stellen.

Zwiebeln schälen und in 3 mm dicke Scheiben schneiden. Die Hälfte der Speckwürfel in einer Pfanne ohne Fett anbraten, die Hälfte der Zwiebeln dazugeben und bei mittlerer Hitze 4–5 Minuten anschwitzen. Die zweite Portion Speck und Zwiebeln genauso zubereiten. Alles auskühlen lassen.

Backofen auf 220 °C Ober-/Unterhitze vorheizen. Sauerrahm oder Schmand und Eier verquirlen. Mit Kümmel, Salz und Pfeffer würzen. Speckzwiebeln in den Eierrahm rühren. Zwiebelmasse auf dem Boden verstreichen. Auf der untersten Schiene etwa 5 Minuten backen, damit der Blätterteig aufgeht, dann Backofentemperatur auf 180 °C Ober-/Unterhitze reduzieren. Zwiebelkuchen in 25–30 Minuten fertig backen. Herausnehmen und warm oder kalt servieren.

TIPP Zum Zwiebelkuchen passen junger Wein und frisch geerntete Walnüsse.

Grüne Polenta mit Pfifferlingen

Für 4–6 Portionen

250 g frischer Blattspinat
3 Knoblauchzehen
400 ml Hühnerbrühe
400 ml Milch
200 g Polentagrieß
3 kleine Schalotten
50 g weiche Butter
250 g Pfifferlinge
3 EL gehackte Petersilie
75 g Parmesan
Salz, Pfeffer

Stiele und dicke Mittelrippen vom Spinat entfernen. In heißem Wasser etwa 2 Minuten blanchieren, kalt abschrecken und abtropfen lassen. Knoblauch schälen. Spinat und Knoblauch mit dem Stabmixer fein pürieren und beiseitestellen.

Hühnerbrühe und Milch in einen Topf geben. Aufkochen und die Polenta langsam einrieseln lassen. Rühren, bis eine glatte Masse entstanden ist. Etwa 30 Minuten bei geringer Hitze köcheln lassen. Ab und zu umrühren. Löst sich die Polenta vom Boden, ist sie gar.

Schalotten schälen und hacken. 1 EL Butter in einer Pfanne zerlassen, Schalotten und Pfifferlinge darin anbraten. Die Hälfte der Petersilie dazugeben und alles 5–7 Minuten garen. Parmesan reiben. Spinatpüree, Parmesan und restliche Butter zur Polenta geben und unterrühren. Mit Salz und Pfeffer abschmecken. Pfifferlinge mit restlicher Petersilie vermengen und zur Polenta servieren.

POLENTA MIT LAUCH UND STEINPILZEN Anstelle des Spinatpürees 150 g in Butter gedünstete Lauchringe und statt der Pfifferlinge 250 g Steinpilze verwenden.

Linsensalat mit Walnüssen und frischem Koriander

Für 6–8 Portionen

400 g kleine grüne Linsen (z. B. Le Puy)
1 Schalotte
1 Gewürznelke
1 Zweig Thymian
1 Lorbeerblatt
2 EL Balsamico-Essig
1 EL Apfelessig
5 EL Kürbiskernöl
5 EL Gemüsebrühe
1 EL scharfer Senf
Salz, Pfeffer
1 Bund Korianderkraut
10 Walnusskernhälften

Linsen in einen großen Topf geben, knapp mit Wasser bedecken und zum Kochen bringen. Schalotte schälen und mit der Gewürznelke spicken. Schalotte, Thymianzweig und Lorbeerblatt zu den Linsen geben. Bei mittlerer Hitze 20–25 Minuten kochen – die Linsen sollen noch Biss haben. Thymian und Lorbeer entfernen, Linsen abgießen, dabei etwa 4 EL Kochflüssigkeit auffangen. Auskühlen lassen.

Für das Dressing die Kochflüssigkeit, Balsamico- und Apfelessig, Kürbiskernöl, Brühe und Senf verrühren. Mit 1½ TL Salz und Pfeffer pikant würzen. Koriander hacken. Linsen mit den Walnusskernhälften und der Hälfte des Korianders vermengen, mit dem Dressing beträufeln. Alles etwa 2 Stunden durchziehen lassen. Kurz vor dem Servieren umrühren, abschmecken und den restlichen Koriander untermengen.

Hausgemachte Kartoffelwurst

Früher galt die mit Kartoffeln gestreckte Wurst als Armenspeise, heute besitzt sie in vielen Regionen Kultstatus und erfreut sich größter Beliebtheit. Der Feinschmecker macht sie selbst und variiert das Grundrezept nach Lust und Laune mit Gewürzen wie Fenchel, Wacholder, Muskat, Kümmel, Koriander oder Knoblauch.

Für 4 Portionen

3 m feiner Schweinedarm (vom Metzger, Kaliber 28/30)
500 g Schweinefleisch (z. B. vom Kamm), gekocht
1 kg mehlig kochende Kartoffeln (z. B. Aula)
1 mittelgroße Zwiebel
3 EL Kümmelsamen
Salz, Pfeffer
1 EL Thymianblättchen
1 EL Majoranblättchen
1 EL gehackte Petersilie
Sonnenblumenöl

Schweinedarm 20 Minuten in warmem Wasser einweichen. Gekochtes und ausgekühltes Schweinefleisch durch die feine Scheibe des Fleischwolfs drehen. Kartoffeln schälen, fein reiben und in einem Sieb abtropfen lassen. Zwiebel fein hacken. Kümmel im Mörser grob zerstoßen. Fleisch und Kartoffeln vermengen, Zwiebel dazugeben, mit 1 TL Salz, 1 TL Pfeffer, Kümmel, Thymian, Majoran und Petersilie würzen. Die Masse mit den Händen gründlich vermengen. Zur Probe etwas Fleischmasse anbraten, um Konsistenz und Würze zu prüfen. Nach Bedarf nochmals nachwürzen. Die Farce sollte kräftig schmecken.

Gewässerte Därme abtropfen lassen und auf eine Fülltülle ziehen. Farce in den Wurstfüllaufsatz der Küchenmaschine geben. (Steht keine Maschine zur Verfügung, kann zum Aufziehen und Füllen auch ein Trichter mit einer möglichst großen Tülle benutzt werden.) Füllung nicht zu prall in die Wursthülle drücken, da sie sonst beim Garen platzen könnte. Sobald die ganze Füllung aufgebraucht ist, etwa 12 Würste von etwa 12 cm Länge abdrehen. In siedendem Wasser in etwa 15 Minuten gar ziehen lassen. Herausnehmen, mit Küchenkrepp abtupfen und in heißem Öl von beiden Seiten knusprig braun braten. Sofort zu einer großen Schüssel Blattsalat servieren.

Kartoffel-Schmand-Tarte

Für 1 rechteckige Tarteform, 20 x 29 cm

6–8 festkochende Kartoffeln (etwa 600 g)
Salz
Butter für die Form
3 EL Sonnenblumenöl
grobes Meersalz
Grün von 3 Frühlingszwiebeln
150 g geräucherter Schinken
250 g Sauerrahm oder Schmand (20%)
3 Eier
Pfeffer

Kartoffeln schälen, halbieren und 5 Minuten in Salzwasser kochen. Vom Herd nehmen, abgießen und 10 Minuten auskühlen lassen.

Backofen auf 220 °C Ober-/Unterhitze vorheizen. Tarteform ausbuttern. Kartoffelhälften mit der Schnittseite nach unten auf ein Brett legen und mit der Gabel die Rücken längs etwa 5 mm tief einritzen. In die Tarteform setzen. Mit Sonnenblumenöl bestreichen und mit Meersalz bestreuen. Auf mittlerer Schiene 20–30 Minuten bissfest garen.

Für den Guss Frühlingszwiebelgrün in Röllchen schneiden. Schinken fein würfeln. Sauerrahm oder Schmand und Eier mit dem Schneebesen vermengen, Schinkenwürfel und Frühlingszwiebeln dazugeben. Mit wenig Salz und Pfeffer würzen. Kartoffeln aus dem Backofen nehmen und mit dem Guss überziehen. Wieder in den Ofen schieben und in 15–20 Minuten fertig backen. Herausnehmen und sofort servieren.

TIPP Die Mengenangaben passen auch für eine runde Tarteform (26 cm Ø).

GRÜNER SALAT passt sehr gut zur Kartoffeltarte: 1 Kopfsalat zerzupfen. Für die Vinaigrette 2 kleine Schalotten fein würfeln und 30 Sekunden in heißem Wasser blanchieren. Je 2 EL kalt gepresstes Walnuss- und Traubenkernöl, 2 EL Zitronensaft, ½ TL Balsamico-Essig, ½ TL scharfen Senf und 1 Prise Zucker aufschlagen. Mit Salz und Pfeffer abschmecken. Vinaigrette über den Blattsalat geben und alles gut vermengen.

002 / 264-6

Roastbeef mit Apfel-Meerrettich-Dip

Für 4 Portionen

1 kg Roastbeef mit Fettrand
Salz, Pfeffer
8 Stängel Minze
80 g Butterschmalz
2 saure Äpfel (z. B. Granny Smith)
Saft von 1 Zitrone
5 cm Meerrettichwurzel
1 EL Akazienhonig

Den Backofen auf 220 °C Ober-/Unterhitze vorheizen. Fettschicht des Bratens mit einem scharfen Messer im Abstand von 3 cm diagonal etwa 5 mm tief einritzen. Rundherum mit Salz und Pfeffer würzen. Minzestängel der Länge nach um den Braten legen, mit Küchengarn festbinden. Roastbeef mit der Fettseite nach oben in einen Bräter geben. Butterschmalz zerlassen und über das Roastbeef träufeln. Auf der untersten Schiene in 30–35 Minuten rosa braten. Herausnehmen, Fleisch in Alufolie einwickeln und etwa 15 Minuten ruhen lassen.

Äpfel schälen, Kerngehäuse entfernen und grob raspeln. Zitronensaft dazugeben und gut einrühren. Meerrettich schälen, fein reiben. Mit dem Honig unter die Äpfel rühren. In ein Schraubglas geben, fest verschließen und bis zum Verzehr im Kühlschrank aufbewahren.

Roastbeef auspacken, Minze und Küchengarn entfernen. Fleisch in 5 mm dicke Scheiben schneiden. Mit dem Apfel-Meerrettich-Dip servieren.

TIPP Roastbeef lässt sich auch mit der Fettseite nach oben auf dem Backofenrost garen. Rost einfetten, Roastbeef darauflegen. Fettpfanne mit 1 l Wasser füllen und unter den Braten schieben.

KNOBLAUCHMAYONNAISE (Aioli) passt ebenfalls gut zu Roastbeef: 15 geschälte Knoblauchzehen mit dem Stabmixer oder Mörser zu einer weichen Paste pürieren. 2 Eigelbe dazugeben. Aufmixen und etwa 200 ml Sonnenblumenöl in dünnem Strahl einlaufen lassen, bis eine dicke Mayonnaise entstanden ist. Mit Salz und Pfeffer abschmecken.

Krustenbraten mit Schwarzwurzeln

Für 4 Portionen

1–1½ kg Schweinebraten mit Schwarte, ohne Knochen
Salz, Pfeffer
1 Bund Suppengemüse
1 große Zwiebel
2 Gewürznelken
3 EL Butterschmalz
1 EL Mehl
500 ml Fleischbrühe
1 EL getrocknete Tomaten
4 Wacholderbeeren
8 Pfefferkörner
3 Lorbeerblätter
2 Zweige Thymian
2 EL Honig
750 g Schwarzwurzeln
3 EL Zitronensaft
2 Zweige Majoran
50 g Butter
100 g Frühstücksspeck in dünnen Scheiben
2 EL Sonnenblumenöl

Schwarte des Krustenbratens rautenförmig mit einem scharfen Messer einritzen. Braten mit Salz und Pfeffer einreiben. Suppengemüse grob hacken. Zwiebel schälen und vierteln. 2 Zwiebelviertel jeweils mit 1 Nelke spicken. Butterschmalz im Bräter erhitzen, Fleisch von beiden Seiten jeweils 5 Minuten anbraten. Braten herausnehmen und beiseitestellen.

Backofen auf 150 °C Ober-/Unterhitze vorheizen. Suppengemüse und Zwiebeln in den Bräter geben, anrösten, Mehl darübersieben und mit der Brühe ablöschen. Getrocknete Tomaten fein schneiden, dazugeben. Alles 4–5 Minuten köcheln lassen. Die Gewürze dazugeben.

Braten mit der Schwarte nach oben in den Bräter legen, Deckel auflegen. Auf unterer Schiene etwa 100 Minuten garen. Deckel abnehmen, Schwarte mit Honig bestreichen. Bei 200–250 °C Ober-/Unterhitze in 10–15 Minuten knusprig braten. Aufpassen, dass die Schwarte nicht verbrennt.

Braten aus dem Bräter nehmen und im ausgeschalteten Ofen 15 Minuten ruhen lassen. Bratenflüssigkeit durch ein Sieb streichen, überschüssiges Fett abschöpfen und mit Salz und Pfeffer abschmecken.

Schwarzwurzeln schälen, in 8 cm lange Stücke schneiden und in eine Schüssel mit Wasser und Zitronensaft geben. Majoranblättchen abzupfen. Butter in einem Topf erhitzen und die Hälfte des Majorans darin andünsten. Schwarzwurzeln tropfnass dazugeben, mit Salz und Pfeffer würzen. Mit aufgelegtem Deckel 15–20 Minuten dünsten. Restlichen Majoran dazugeben, vom Herd nehmen. Jeweils 2–3 Schwarzwurzeln mit Frühstücksspeck umwickeln. Öl in einer Pfanne erhitzen und die Schwarzwurzeln rundherum anbraten. Zum Krustenbraten servieren.

Rindertatar mit Kapernsoße

Beefsteak tatar lautet die korrekte Bezeichnung für die Fleischdelikatesse, die aus Filet, Lende oder Nuss zubereitet wird. In einigen Regionen ist das Gericht auch als Schabefleisch bekannt. Tatar sollte immer frisch zubereitet und rasch verzehrt werden.

Für 4 Portionen

500 g Rinderfilet
1–2 Eigelb
3 EL Traubenkernöl
1 EL Dijon-Senf
3 EL Tomatenketchup
1 TL edelsüßes Paprikapulver
¼ TL Pfeffer
½ TL Salz
2 Spritzer Tabasco
2 Spritzer Worcestersoße
2–3 kleine Schalotten
3–4 kleine Gewürzgurken
½ Bund Rucola
2 EL Petersilienblättchen
2 EL Kapern oder Kapernäpfel

Fleisch von Sehnen und Fett befreien und in sehr feine Streifen schneiden. Mit einem scharfen Messer fein hacken oder durch den Fleischwolf drehen. Kalt stellen.

Eigelb, Traubenkernöl, Senf und Ketchup mit dem Schneebesen verrühren, mit Paprikapulver, Pfeffer und Salz würzen. Mit Tabasco und Worcestersoße abschmecken. Soße mit dem Tatar vermischen.

Schalotten, Gewürzgurken, Rucola und Petersilie fein hacken. Mit den Kapern unter das Tatar heben. Sofort servieren.

TIPP Sehr dekorativ wirkt es, wenn alle Zutaten separat gereicht werden – die Gäste können sich so ihr Tatar selbst zusammenstellen.

Heidschnuckenkeule mit Kartoffelstampf

Das zarte Fleisch der Schafe aus der Lüneburger Heide ist eine besondere Delikatesse. Heidschnuckenfleisch trägt das Siegel seiner regionalen Herkunft, die Bezeichnung ist europaweit geschützt.

Für 4 Portionen

1½ kg Heidschnuckenkeule
Salz, Pfeffer
2 Zwiebeln
3 Möhren
1 kleine Sellerieknolle
3 EL Sonnenblumenöl
4 Lorbeerblätter
500 ml Fleischbrühe
1 kg Kartoffeln
(z.B. Heide-Sieglinde)
1 Stange Lauch
50–100 g Sahne
300 g Bergkäse
50 g kalte Butter
Muskatnuss

Backofen auf 220 °C Ober-/Unterhitze vorheizen. Heidschnuckenkeule mit Salz und Pfeffer einreiben. Zwiebeln schälen und grob würfeln. Möhren und Sellerieknolle schälen und klein schneiden. Öl in einem Bräter erhitzen. Keule darin von beiden Seiten etwa 10 Minuten kräftig anbraten. Klein geschnittenes Gemüse und Lorbeerblätter dazugeben, 2–3 Minuten mitrösten. Fleischbrühe angießen. Auf unterster Schiene 50–60 Minuten garen, dabei ab und zu mit Fleischbrühe und Bratensaft begießen.

Kartoffeln schälen und in Salzwasser etwa 20 Minuten garen, vom Herd nehmen und abgießen. Lauch in Ringe schneiden. In kochendem Wasser in 5–6 Minuten bissfest garen und abgießen. Kartoffeln mit dem Kartoffelstampfer grob zerdrücken, Sahne dazugeben, Lauch unterheben, den Bergkäse darüberraspeln und alles verrühren. Warm stellen.

Braten aus dem Ofen nehmen und etwa 10 Minuten abgedeckt ruhen lassen. Bratreste im Bräter mit 250 ml Wasser loskochen, in einen kleinen Topf abseihen, aufkochen und die Flüssigkeit etwas einkochen. Soße mit Salz und Pfeffer abschmecken. Gestampfte Kartoffeln aus dem Ofen nehmen, Butter in Flocken daraufsetzen und Muskatnuss darüberreiben. Keule in Scheiben schneiden und mit Kartoffelstampf servieren.

ORANGEN-ROTKRAUT schmeckt toll zur Keule: 1 kg Rotkohl in feine Streifen schneiden. 100 g Butter in einer Pfanne schmelzen lassen, 150 g Zucker dazugeben und langsam karamellisieren. Rotkohl dazugeben, alles vermengen. Saft von 2 Orangen angießen. Mit Salz und Pfeffer würzen. 2 Lorbeerblätter und 1 mit 2 Nelken gespickte Zwiebel dazugeben. Etwa 90 Minuten bei geringer Hitze schmoren lassen. Mit Salz und Pfeffer abschmecken, die Zwiebel herausnehmen.

Steinpilz-Brezenknödel

Für 4 Portionen

6 Brezen vom Vortag (etwa 500 g)
300–350 ml Milch
150 g frische Steinpilze (oder 25 g getrocknete Steinpilze)
1 kleine Zwiebel
½ Bund Petersilie
1 Bund Schnittlauch
50 g Butter
2–3 Eier
Salz, Pfeffer
½ TL geriebene Muskatnuss
Semmelbrösel (nach Bedarf)

Brezen in feine Scheiben schneiden. Milch erwärmen und über die Brezen geben. Zugedeckt 20–30 Minuten quellen lassen. Frische Steinpilze in Würfel schneiden. Getrocknete Steinpilze in eine Schüssel geben, mit heißem Wasser übergießen, etwa 20 Minuten quellen lassen, abgießen und etwas ausdrücken. Zwiebel schälen und fein hacken. Petersilie fein hacken, Schnittlauch in Röllchen schneiden.

Butter in einer Pfanne erhitzen. Steinpilze, Zwiebel, Petersilie und Schnittlauch darin anbraten. Vom Herd nehmen, etwas abkühlen lassen. Steinpilzragout und Eier zu den eingeweichten Brezenscheiben geben. Mit Salz, Pfeffer und Muskatnuss würzen. Alles miteinander vermengen, bis eine feste Masse entsteht, nochmals abschmecken. Falls zu feucht, Semmelbrösel nach Bedarf oder, falls zu trocken, wenig Milch dazugeben.

Einen Topf mit Salzwasser erhitzen. Mit nassen Händen einen Probeknödel (etwa 5 cm Ø) formen und ins siedende Salzwasser geben. Bleibt der Knödel kompakt, hat der Teig die richtige Konsistenz. Restliche Masse zu Knödeln formen und ins siedende Salzwasser gleiten lassen. Mit halboffenem Deckel in 15–20 Minuten garziehen lassen. Mit dem Schaumlöffel aus dem Kochwasser nehmen und gut abtropfen lassen.

TIPP Passt zu Fleisch- oder Pilzgerichten mit Soße.

KLASSISCHE SEMMEL- ODER BREZENKNÖDEL Pilze und Schnittlauch weglassen.

PILZ- ODER SPECKKNÖDEL Anstelle der Brezen Brötchen vom Vortag verwenden. Statt der Steinpilze schmecken Pfifferlinge, Morcheln oder ausgelassene Speckwürfel.

SERVIETTENKNÖDEL Knödelmasse auf eine hitzefeste Frischhaltefolie geben und zu einer Rolle von 3–4 cm ø drehen. Straff in Alufolie wickeln. Die beiden Enden fest zudrehen. In siedendes Wasser geben und 15–20 Minuten garen. Serviettenknödel herausnehmen und auskühlen lassen. In 1–2 cm dicke Scheiben schneiden und zum Fleisch reichen oder in Butter anbraten. Für dieses Rezept eignet sich jede Semmel- oder Brezenknödelmasse.

Darf's
'was

Der Rinderflüsterer

aus Rheinland-Pfalz

Auf den Ottersheimer Queichwiesen weiden die Angusrinder von Familie Carius, die allesamt einen Knopf im Ohr tragen und sich rundum wohlzufühlen scheinen. Seit 1996 betreibt der Bioland-Bauer Hof und Hofladen zwischen Knittelsheim und Bellheim in der Südpfalz, unweit von Speyer. Die Rinderzucht war für den gelernten Schornsteinfegermeister zunächst reines Hobby, aber längst ist sie für die gesamte Familie Carius auch zum Broterwerb und zur Leidenschaft geworden. Wegen der hervorragenden Fleischqualität fiel die Wahl damals auf Angusrinder. Die Herde aus Muttertieren, Kälbern und Zuchtbullen wuchs schnell auf mehr als 60 Tiere an.

Das Geschäft mit dem angeschlossenen Hofladen floriert. Die Kunden, die das Angebot an Ökolebensmitteln schätzen, kommen von weit her, um Geflügel, frische Eier, Gemüse, Fleisch- und Wurstspezialitäten zu kaufen. Die Bioland-Wurstspezialitäten frisch vom Hof sind bekannt und beliebt. »Da sind 100 Prozent Rindfleisch, Leber, Speck, Zwiebel, Meersalz und Gewürze und sonst garantiert nichts drin«, beteuert der Bauer. Im Hofladen, den Frau Carius betreut, verkauft die Familie ein Drittel der Hofproduktion. Der Rest geht an regionale Großabnehmer, andere Hofläden und Bioläden.

Ochsenschwanzterrine mit Traubenmost

Für 4 Portionen

1 kg Ochsenschwanz in Stücken
3 Möhren
½ Sellerieknolle
1 Petersilienwurzel
2 Stangen Lauch
2 Zwiebeln
3–4 Gewürznelken
3 Stangen Staudensellerie
2 Knoblauchzehen
3 Lorbeerblätter
1 Zweig Salbei
1 Zweig Thymian
4 Wacholderbeeren
3 Blatt Gelatine
1 TL Koriandersamen
1 TL grob geschroteter Pfeffer
250 ml Traubenmost oder -saft
Salz, Pfeffer

Ochsenschwanzstücke in einem Topf mit Wasser aufkochen. Abschäumen, herausnehmen und unter kaltem Wasser abspülen. Wieder in einen Topf geben, mit etwa 2 l Wasser bedecken und erhitzen. Möhren schälen und halbieren. Knollensellerie schälen und grob würfeln. Petersilienwurzel schälen. Lauch in 5 cm lange Stücke schneiden. Zwiebeln schälen und mit 3–4 Gewürznelken spicken. Staudensellerie in 5 cm lange Stücke schneiden. Die Hälfte des Gemüses, Knoblauch, Lorbeerblätter, Salbei, Thymian und Wacholderbeeren zum Ochsenschwanz geben. Etwa 2½ Stunden köcheln lassen.

Restliches Gemüse zum Ochsenschwanz geben und weitere 30 Minuten köcheln, bis sich das Fleisch von den Knochen löst. Ochsenschwanzstücke herausnehmen und abkühlen lassen. Das Fleisch ablösen. Möhren, Knollensellerie, Petersilienwurzel und Lauch ebenfalls aus der Brühe nehmen.

Gelatine in etwas kaltem Wasser einweichen. In einer Kasserolle Koriandersamen und groben Pfeffer ohne Fett kurz anrösten. Mit Traubenmost ablöschen und auf etwa die Hälfte einkochen lassen. 200 ml Ochsenschwanzbrühe dazugeben, mit Salz und Pfeffer abschmecken. Gelatine ausdrücken, zur Brühe geben und unter Rühren auflösen. Fleisch und Gemüse im Wechsel in eine Terrinenform (1½ l Inhalt) schichten, die Gelatinebrühe darübergießen. Terrine mindestens 2 Stunden im Kühlschrank fest werden lassen.

TIPP Dazu passen kräftige grüne Herbstsalate wie Portulak, Rucola oder Endivien.

Anispoularde mit Speckerbsen

Poularden sind junge Masthühner, die zwischen 1,2 und 2,5 kg wiegen. Das Fleisch der Poularde schmeckt gebraten besonders saftig und verträgt sich geschmacklich bestens mit kräftigen Gewürzen, wie zum Beispiel mit Anis- und Koriandersamen und mit frischem Thymian.

Für 4 Portionen

1 Knoblauchknolle
20 g Salz
1 TL Anissamen
½ TL Koriandersamen
1 küchenfertige Freiland-Poularde (etwa 1½ kg)
40 ml Sonnenblumenöl
750 g Bio-Erbsen (tiefgekühlt)
3 Frühlingszwiebeln
1 EL Butter
150 g Speckwürfel
1 Zweig Rosmarin
2 Zweige Thymian
grobes Meersalz

Backofen auf 200 °C Ober-/Unterhitze vorheizen. Knoblauchknolle mit Schale quer durchschneiden. Ein paar Anissamen beiseitelegen. Salz, Anis- und Koriandersamen im Mörser grob zerstoßen. Poularde mit einem Drittel des Öls einpinseln, innen und außen mit den zerstoßenen Gewürzen einreiben. Mit der Brustseite nach oben auf den Bratrost setzen. Fettpfanne unterschieben, aufgeschnittene Knoblauchknolle hineinlegen. Etwa 30 Minuten garen. Poularde und Knoblauch herausnehmen und beides getrennt in Alufolie einpacken. Etwa 10 Minuten ruhen lassen.

Erbsen in kochendes Salzwasser geben und in 10–15 Minuten bissfest garen. Frühlingszwiebeln in Ringe schneiden. Butter in der Pfanne zerlassen, Frühlingszwiebeln darin scharf anbraten. Speckwürfel dazugeben und 2–3 Minuten mitbraten. Erbsen abgießen, in einer Schüssel mit der Zwiebel-Speck-Mischung vermengen. Rosmarinnadeln abzupfen und über die Speckerbsen geben. Warm stellen.

Restliches Öl in eine Kasserolle geben und erhitzen. Thymianzweige dazugeben. Poularde von allen Seiten bei mittlerer Hitze nachbraten. Die kross gebratene Poularde mit grobem Meersalz und restlichen Anissamen bestreuen. Speckerbsen und Knoblauch dazu servieren.

Apfeltarte

Im Herbst haben Äpfel Hochsaison. Wer Glück hat, findet in Hofläden und auf Obst- und Gemüsemärkten neben den Klassikern auch die ein oder andere alte Sorte. Berlepsch und Boskop punkten mit dem höchsten Vitamingehalt und sind bestens lagerfähig.

Für 1 Tarteform, 30 cm Ø

800 g Äpfel (z. B. Berlepsch)
Saft von 1 Zitrone
1 Ei
1 Eigelb
125 g Sahne
1 Päckchen Vanillezucker
1 Dinkelblätterteig (Kühlregal; etwa 270 g)
70 g gemahlene Mandeln
2 EL brauner Zucker

Backofen auf 230 °C Ober-/Unterhitze vorheizen. Tarteform mit Backpapier auskleiden. Äpfel schälen, Kerngehäuse entfernen, und in feine Scheiben hobeln. Mit Zitronensaft beträufeln, vermengen und beiseitestellen. Für den Guss Ei und Eigelb, Sahne und Vanillezucker verrühren und ebenfalls beiseitestellen.

Dinkelblätterteig in die Form geben, mit einer Gabel mehrmals einstechen. Mit gemahlenen Mandeln bestreuen. Apfelscheiben dachziegelartig auf den Boden legen. Mit dem braunen Zucker bestreuen. Auf der untersten Schiene 5–6 Minuten backen. Herausnehmen und mit dem Guss überziehen. Backofentemperatur auf 200 °C reduzieren. Apfeltarte auf mittlerer Schiene in 20–30 Minuten fertigbacken. Der Belag sollte noch Biss haben und die Oberfläche knusprig braun sein.

Apfel-Quitten-Mus aus dem Römertopf

Duft und Aroma von Quitten sind unvergleichlich. Die im rohen Zustand ungenießbaren Früchte sind gegart eine echte Delikatesse.

Für 4–6 Portionen

6 große Äpfel (z. B. Alkmene, Cox Orange)
6 Apfelquitten
150 g Vollrohrzucker

Römertopf mindestens 10 Minuten wässern. Äpfel vierteln und die Kerngehäuse entfernen. Quitten mit einem trockenen Tuch abreiben, ebenfalls vierteln und die Kerngehäuse entfernen.

Quitten und Apfelviertel nochmals teilen und abwechselnd mit je 1 Lage Zucker in den Römertopf schichten. Auf die untere Schiene in den kalten Backofen schieben und bei 200 °C Ober-/Unterhitze in 2–2½ Stunden goldbraun karamellisieren. Schmeckt kalt und warm.

APFEL-BIRNEN-MUS Anstelle von Quitten Birnen verwenden. Wie die Quitten verarbeiten, die Garzeit verkürzt sich auf 2 Stunden.

Pflaumentarte mit Mandelblättchen

Herbstpflaumen sind zuckersüß und eignen sich bestens für köstliche Tartes. Der mit Dinkelmehl gebackene Boden fängt dabei den austretenden Saft auf. Auch optisch ist die Tarte ein Genuss: Die nachtblauen Schalen der Pflaumen bilden einen hübschen Kontrast zum roten Fruchtfleisch.

Für 1 Tarteform, 28 cm Ø

200 g Dinkelmehl
200 g kalte Butter
80 g Zucker
1 Messerspitze Salz
1 Eigelb
750 g Pflaumen
1 Bio-Zitrone
200 g Topfen oder Quark (20 %)
2 EL Mehl
1 Päckchen Vanillezucker
1 Messerspitze Zimt
30 g gemahlene Mandeln
50 g Mandelblättchen

Dinkelmehl auf die Arbeitsfläche sieben. Butter in Flöckchen auf den Rand setzen. Zucker, Salz, 2 EL eiskaltes Wasser und Eigelb dazugeben. Alles rasch zu einem festen Teig verkneten. Zur Kugel formen, in Frischhaltefolie wickeln und etwa 30 Minuten im Kühlschrank ruhen lassen.

Backofen auf 200 °C Ober-/Unterhitze vorheizen. Tarteform mit Backpapier auslegen.

Pflaumen halbieren und entsteinen. Zitronenschale abreiben. Topfen oder Quark mit Mehl, Zitronenschale, Vanillezucker und Zimt verrühren.

Teig ausrollen und in die Tarteform geben. Ränder hochziehen und den Boden mehrmals mit einer Gabel einstechen. Gemahlene Mandeln auf den Teigboden streuen. Die Quarkmischung darüber verstreichen. Pflaumen mit der Schale nach unten in den Quark drücken. Mandelblättchen darüberstreuen. Auf mittlerer Schiene 35–40 Minuten backen. Herausnehmen und auskühlen lassen.

TIPP Gelingt auch mit anderen Steinobstsorten wie z. B. Zwetschgen, Mirabellen oder Reineclauden. Sehr saure Früchte können ein bisschen gezuckert werden.

SAUERRAHM MIT ZIMT passt hervorragend zur Pflaumentarte: 200 g Sauerrahm mit dem Schneebesen aufschlagen. 2 EL Zucker, 1 Päckchen Vanillezucker und ½ TL Zimt vermengen und unter den Sauerrahm rühren.

Pilze, Nüsse & Wildfrüchte

Umsonst und draußen lassen sich im Herbst viele Leckerbissen sammeln: Pilze, Hagebutten, Maronen und Haselnüsse. Dabei sollte man sich – vor allem bei Pilzen – an die Sorten halten, die man gut kennt, und private Grundstücke und Gärten nicht betreten.

Maroni aus dem Rohr

Für 4 Portionen

750 g Esskastanien

Backofen auf 250 °C Ober-/Unterhitze vorheizen. Kastanien mit einem feuchten Tuch abreiben und die Bauchseite mit einem Messer kreuzförmig einritzen. In die Fettpfanne des Backofens oder einen Bräter geben. Auf mittlerer Schiene 20–30 Minuten rösten. Maroni ab und zu wenden und mit einer Gabel prüfen, ob sie gar sind.

KASTANIENPÜREE Nach 5–7 Minuten auf dem Grill lassen sich die Esskastanien schälen und in wenig Salzwasser weich kochen. Mit Butter zerdrücken oder pürieren und zu Wild und Gemüse servieren. Köstlich!

Hagebuttenkonfitüre

Für 2 Gläser à 250 ml

1 kg Hagebutten | etwa 500 g Zucker | Saft von 1 Zitrone | 100 ml Apfelsaft

Stielansätze und Blüten der Hagebutten entfernen. Früchte halbieren, entkernen, waschen, abtropfen lassen und in einen Topf geben. Hagebutten knapp mit Wasser bedecken und über Nacht stehen lassen.

Am nächsten Tag im Einweichwasser in 20–30 Minuten weich kochen, abgießen und durch ein Sieb streichen. Das so gewonnene Mark im Verhältnis 1:1 mit Zucker mischen. Mit Zitronensaft und Apfelsaft in einen Topf geben und langsam aufkochen. Sowie sich kleine Blasen an der Oberfläche bilden (nach 5–8 Minuten), hat das Mark etwa 75 °C erreicht. Sofort in Schraubgläser füllen und fest verschließen. Hält sich etwa 1 Jahr.

Eingelegte Waldpilze

Für 1 Glas à 250 ml

500 g Waldpilze (z. B. Steinpilze, Pfifferlinge, Herbsttrompeten) | 200 ml Weißwein | 200 ml Apfelessig | 60 g Honig | 1 TL Salz | 1 EL Koriandersamen | 5 Gewürznelken | 2 Lorbeerblätter | 1 Stängel Liebstöckel | 2 Stängel Estragon | Olivenöl

Pilze in Stücke schneiden. Mit den restlichen Zutaten in einen Topf geben und aufkochen. 20 Minuten sanft köcheln lassen. Vom Herd nehmen, abtropfen lassen und auskühlen. In Schraubgläser füllen und vollständig mit Olivenöl bedecken. Fest verschließen und über Nacht ziehen lassen. Hält sich kühl gelagert etwa 1 Jahr.

Crêpes aus Kastanienmehl mit kalt gerührter Himbeerkonfitüre

Das Mehl der Esskastanien besitzt ein besonderes Aroma, das Kuchen, Tartes und Pfannkuchen das gewisse Etwas verleiht. Leider ist es nur begrenzt haltbar und kommt im Herbst frisch auf den Markt.

Für 4 Portionen

Crêpes:
200 g Kastanienmehl
100 g Weizenvollkornmehl
150 ml Milch
½ TL Salz
2 Eier
50 g Butter

Himbeerkonfitüre:
250 g Himbeeren (frisch oder tiefgekühlt)
Saft von 1 Zitrone
180 g Zucker
1 TL Himbeergeist
5 Minzeblättchen

Kastanien- und Weizenmehl vermengen. 150 ml Wasser, Milch, Salz und Eier zum Mehl geben. So lange aufschlagen, bis ein dünnflüssiger glatter Teig entstanden ist. Etwa 1 Stunde zugedeckt ruhen lassen. Sollte der Teig zu dickflüssig sein, mit kohlesäurehaltigem Mineralwasser verdünnen.

Backofen auf 50 °C Ober-/Unterhitze vorheizen. Butter in eine Pfanne geben. Den Teig mit einer kleinen Kelle in die Pfanne geben und mit dem Crêpeschieber (oder einer Palette) dünn verstreichen. Crêpe so lange auf einer Seite backen, bis sich der Rand braun färbt, wenden und in etwa 1 Minute fertig backen. Mit dem restlichen Teig ebenso verfahren, bis er verbraucht ist. Fertige Crêpes im Backofen warm halten.

Tiefgekühlte Himbeeren antauen lassen und mit Zitronensaft beträufeln. Den Zucker nach und nach mit einem Holzlöffel unter die Himbeeren rühren, bis er sich aufgelöst hat und die Konfitüre eine schöne Konsistenz bekommt. Himbeergeist unterrühren. Mit Minzeblättchen dekorieren und zu den warmen Crêpes servieren.

SÜSSES MARONENPÜREE Backofen auf 200–250 °C Ober-/Unterhitze vorheizen. 250 g Esskastanien mit einem feuchten Tuch abreiben, die Bauchseite mit einem spitzen Küchenmesser kreuzförmig einritzen. Auf ein Backblech geben und auf mittlerer Schiene 5–10 Minuten rösten. Herausnehmen, etwas abkühlen lassen und schälen, dabei auch die hellgelbe Haut entfernen. Maronen, 125 ml Milch und 1 Prise Salz in einen Topf geben und aufkochen. Bei geringer Hitze 10–15 Minuten garen. Durch ein Sieb abgießen und abtropfen lassen, 100 g Zucker unterrühren. Mit dem Stabmixer fein pürieren. Gerät die Masse zu fest, etwas warme Milch dazugeben. Zu den Crêpes aus Kastanienmehl servieren.

Winter

Hühnersuppe

Die gute alte Hühnersuppe gilt als Allheilmittel für Körper und Seele. Seit dem Altertum werden der wohlschmeckenden Brühe, reich an Vitamin A, C, E, B 6, B 12 und Mineralstoffen wie Calcium, Phosphor, Magnesium, Eisen, Zink und Selen, medizinische Heilkräfte nachgesagt. Inzwischen ist ihre Wirkung wissenschaftlich nachgewiesen. Eine Köstlichkeit ist sie außerdem.

Für 4 Portionen

1 Suppenhuhn (etwa 1,2 kg)
2 Möhren
1 große Zwiebel
1 kleine Sellerieknolle
2 Petersilienwurzeln
1 Lorbeerblatt
2 Gewürznelken
1 Stange Lauch
3 Stängel Petersilie
1 EL Salz
½ TL Pfeffer

Huhn innen und außen unter fließendem kaltem Wasser waschen, in einen Topf geben und mit Wasser bedecken. Den Deckel auflegen und das Wasser aufkochen. Schaum abschöpfen. Möhren, Zwiebel, Sellerieknolle und Petersilienwurzeln schälen. Zwiebel an der Wurzel kreuzweise einschneiden, mit Lorbeerblatt und Gewürznelken spicken. Möhren und Lauch quer halbieren. Sellerieknolle vierteln. Petersilienstängel mit dem Gemüse zur Suppe geben. Mit Salz und Pfeffer würzen. Etwa 60 Minuten zugedeckt köcheln lassen. Huhn aus der Brühe nehmen, abtropfen lassen und für eine weitere Verwendung kühl stellen.

Suppe weitere 60 Minuten zugedeckt köcheln lassen, dann durch ein Sieb in einen zweiten Topf abgießen. Möhren, Sellerieknolle und Petersilienwurzel in kleine Stücke schneiden und beiseitestellen. Suppe entfetten. Dazu mit einem Stück Küchenkrepp die Fettschicht von der Oberfläche abnehmen. Suppe noch einmal aufkochen, das klein geschnittene Gemüse hineingeben und kurz erwärmen. Auf Teller verteilen und servieren.

NUDELSUPPE Das Fleisch des gekochten Suppenhuhns von den Knochen lösen, von der Haut befreien und klein schneiden. Mit 200 g gekochten Suppennudeln zur Suppe geben und erwärmen. Wer nicht das ganze Fleisch in die Suppe geben möchte, kann die Hälfte für Hühnerfrikassee verwenden.

Dicke Gemüsesuppe

Für 4 Portionen

2 Zwiebeln
2 Stangen Lauch
¼ Sellerieknolle
4 Möhren
¼ Wirsing
2 kleine Steckrüben
3 EL Olivenöl
1½ l Hühnerbrühe
Salz, Pfeffer
1 Lorbeerblatt
2 Gewürznelken
2 Knoblauchzehen
4 Kartoffeln
½ Bund Petersilie
4 große Vollkornbrötchen (à etwa 150 g)
geriebene Muskatnuss

Zwiebeln schälen und würfeln. Lauch, Sellerieknolle, Möhren, Wirsing und Steckrüben putzen bzw. schälen und in mundgerechte Stücke schneiden. Olivenöl in einem großen Topf erhitzen und Zwiebeln darin anschwitzen. Restliches Gemüse dazugeben und 5 Minuten unter Rühren anbraten. Mit Hühnerbrühe auffüllen. Mit Salz und Pfeffer würzen. Lorbeerblatt und Gewürznelken dazugeben. Knoblauchzehen schälen, mit etwas Salz auf einem Holzbrett zerdrücken und in die Suppe geben. Suppe etwa 40 Minuten köcheln lassen.

20 Minuten vor Ende der Garzeit die Kartoffeln schälen, grob würfeln und zur Suppe geben. Petersilie fein hacken. Von den Brötchen die Deckel abschneiden, das Innere herauslösen. (Die Brotkrume anderweitig verwenden.) Fertige Suppe mit geriebener Muskatnuss abschmecken. Die Suppe in die Brötchen füllen und mit Petersilie bestreuen. Sofort servieren.

Topinambur-Rahm-Suppe

Die Knollen, die geschmacklich an Artischocke und Kartoffel erinnern, schmecken in der Suppe, als Gemüse und Püree, im Salat oder in Form von Chips – ein köstlicher Winterschmaus.

Für 4 Portionen

500 g Topinambur
2 Schalotten
150 ml Rapsöl
125 ml Weißwein
250 ml Kalbsbrühe
250 g Sahne
Salz, Pfeffer
1 Handvoll Kerbelblättchen

350 g Topinambur schälen und grob hacken. Schalotten schälen und fein würfeln. 1 EL Rapsöl in der Pfanne erhitzen und die Schalotten anschwitzen. Topinambur dazugeben und bei kleiner Hitze etwa 5 Minuten dünsten. Mit Weißwein ablöschen, Brühe angießen. Aufkochen und 20–25 Minuten köcheln.

Restlichen Topinambur schälen und in feine Scheiben hobeln. Restliches Rapsöl in einer tiefen Pfanne erhitzen. Topinamburscheiben darin knusprig braun ausbacken. Auf Küchenkrepp entfetten und salzen. Suppe mit dem Stabmixer pürieren, salzen, pfeffern und einmal aufkochen. Sahne steif schlagen und unterheben. Auf Teller verteilen, mit Kerbel bestreuen und mit den Chips servieren.

Borschtsch

Borschtsch ist eine Rote-Bete-Suppe und stammt ursprünglich aus Osteuropa. Die rubinrote Farbe und der unvergleichliche Geschmack machen die köstliche Mischung von Rote Bete und Kohl zum Suppenklassiker. Ein guter Borschtsch enthält so viel Gemüse, dass ein Holzlöffel darin stecken bleibt, heißt es. Die Zutaten variieren und reichen von kleinen Kartoffeln über Brokkoli und Bohnen bis zu Rindfleisch oder Hackfleischbällchen. So wird aus der köstlichen Suppe ein reichhaltiges Hauptgericht.

Für 4 Portionen

600 g gegarte Rote Bete
1 Zwiebel
1 Möhre
1 Knoblauchzehe
250 g Weißkohl oder Wirsing
1 l Gemüsebrühe
2 EL brauner Zucker
3 EL Zitronensaft oder 2 EL Obstessig
Salz, Pfeffer
1 Bund Dill
250 g Sauerrahm (20%) oder Frischkäse

Haut der gekochten Rote Bete abziehen, Strunk entfernen. Die Hälfte der Knollen grob würfeln, die andere Hälfte fein reiben. Zwiebel und Möhre schälen, klein schneiden. Knoblauch schälen und zerdrücken. Weißkohl oder Wirsing von Strunk und dicken Blattrippen befreien und in 1 cm breite Streifen schneiden. Gemüsebrühe in einem Topf aufkochen. Rote-Bete-Würfel und das andere Gemüse hineingeben. Alles bei geschlossenem Deckel etwa 30 Minuten köcheln lassen.

Geriebene Rote Bete, Zucker und Zitronensaft oder Obstessig in die Suppe rühren. Mit Salz und Pfeffer abschmecken. Weitere 10 Minuten köcheln lassen und vom Herd nehmen. Borschtsch am besten über Nacht kühl stellen. Am nächsten Tag Dill zupfen und zur Suppe geben. Mit Sauerrahm oder Frischkäse servieren.

TIPP Zu Borschtsch schmeckt frisches Weiß- oder Schwarzbrot mit gesalzener Fassbutter köstlich.

GEKOCHTE ROTE BETE Knollen in einen großen Topf mit Wasser geben, 2 TL Salz und 1 EL Essig dazugeben, aufkochen und etwa 90 Minuten köcheln lassen. Mit der Schöpfkelle aus dem Topf nehmen und auskühlen lassen.

Grünkohltarte mit Bauernspeck

Wie Rosenkohl braucht auch Grünkohl ein paar frostige Nächte, um später seinen vollen Geschmack im Kochtopf zu entwickeln. Durch den Frost wird die in den Blättern enthaltene Stärke in Zucker umgewandelt. So wird der strenge Kohlgeschmack gemildert und das feine Aroma kann sich entfalten. Als typisches Wintergemüse enthält der Grünkohl viele Mineralien und jede Menge Pro-Vitamin A. Sein Vitamin-C-Gehalt rangiert gleich hinter dem von Paprika, Rosenkohl und Brokkoli.

Für 1 Tarteform, 26–28 cm Ø

250 g Mehl
3 Eier
1 Messerspitze Zucker
Salz
1 EL Milch
180 g weiche Butter
750 g Grünkohl
2 rote Zwiebeln
2 EL Gänseschmalz oder Butter
150 g geräucherter Bauernspeck
200 g Sauerrahm
Salz, Pfeffer

Mehl auf die Arbeitsfläche geben und in die Mitte eine Mulde drücken. 1 Ei, Zucker, 1 Prise Salz und Milch in die Mulde geben. 160 g Butter in Flöckchen aufsetzen. Alles rasch zu einem glatten Teig verkneten. Zur Kugel formen, in Frischhaltefolie wickeln und 1 Stunde im Kühlschrank ruhen lassen.

In einem Topf Wasser aufkochen. Grünkohl von den Blattrippen streifen und in 1 cm breite Streifen schneiden. Im siedenden Wasser etwa 5 Minuten blanchieren. Abgießen und gut abtropfen lassen.

Zwiebeln schälen und fein hacken. Gänseschmalz oder Butter in einer Pfanne zerlassen. Bauernspeck fein würfeln. Zwiebel- und Speckwürfel darin 3–4 Minuten anbraten. Grünkohl dazugeben und alles weitere 15 Minuten garen. Vom Herd nehmen. Sauerrahm mit den restlichen Eiern verrühren. Mit Salz und Pfeffer würzen. Unter den Grünkohl mischen. Alles abkühlen lassen.

Backofen auf 180 °C Ober-/Unterhitze vorheizen. Tarteform mit der restlichen Butter ausfetten. Den Teig ausrollen und in die Form geben, dabei einen Rand hochziehen. Boden mit einer Gabel mehrmals einstechen. Grünkohlmischung auf den Teigboden geben. Auf mittlerer Schiene 30–40 Minuten backen. Aus dem Backofen nehmen. Noch heiß als Vorspeise oder Hauptmahlzeit zu Wild und Fleischgerichten servieren.

Sauerkrautkuchen vom Blech

Sauerkraut, milchsauer eingelegter Weißkohl, zählt zu den besonders wohlschmeckenden Wintergenüssen. Der dicke Kohlkopf wird auch Kappes, Cabis oder Weißkraut genannt und punktet im Winter mit besonders vielen Vitaminen, Folsäure, Zink und Kalium.

Für 1 Backblech, 30 x 40 cm

500 g Mehl
500 g Schichtkäse oder Magerquark
Salz
400 g kalte Butter
1 kg Sauerkraut (frisch oder aus dem Glas)
5 Zwiebeln
2 Knoblauchzehen
500 g Sahne
2 EL Gemüsebrühe
5 Eier
1½ TL Pfeffer
1 EL Kümmelsamen
geriebene Muskatnuss

Mehl, Schichtkäse oder Magerquark und 1 Prise Salz auf die Arbeitsfläche geben. 350 g Butter in Flöckchen darauf verteilen und alles mit einem Messer gut durchhacken. Anschließend zu einem glatten Teig kneten. Zur Kugel formen, in Frischhaltefolie wickeln und etwa 1 Stunde im Kühlschrank ruhen lassen.

Backblech mit Backpapier auslegen. Den Teig 2–3 cm dick ausrollen, zusammenfalten und nochmals ausrollen. Den Vorgang noch zwei weitere Male wiederholen. Zum Schluss 5 mm dünn ausrollen und den Teig auf das Backblech legen. Kalt stellen. Backofen auf 220 °C Ober-/Unterhitze vorheizen.

Sauerkraut gut abtropfen lassen. Zwiebeln und Knoblauch schälen. Zwiebeln dünn in Scheiben hobeln, Knoblauch zerdrücken. Restliche Butter in einer Pfanne zerlassen. Zwiebeln und Knoblauch darin 5–6 Minuten anschwitzen. Vom Herd nehmen und in eine Schüssel geben. Sauerkraut, Sahne, Gemüsebrühe, Eier, Pfeffer und Kümmelsamen dazugeben und alles vermengen. Mit Salz und Muskatnuss abschmecken. Belag auf den Teig geben. Auf mittlerer Schiene in 30–40 Minuten goldgelb backen. Herausnehmen, in Stücke schneiden und warm oder kalt servieren.

Grünkernfrikadellen

Für 4 Portionen

Grünkernfrikadellen:
1 Zwiebel
1 EL Sonnenblumenöl
500 ml Gemüsebrühe
200 g Grünkernschrot
1–2 Eier
50 g Vollkornhaferflocken
1 EL getrockneter Oregano
1 EL Senf
3 EL geriebener Käse (z. B. Parmesan, Allgäuer Emmentaler)
½ TL Salz
helle Sesamsamen
Kürbiskerne
Rapsöl

Für die Frikadellen Zwiebel schälen und fein würfeln. Öl in einem Topf erhitzen. Zwiebel darin 2–3 Minuten anschwitzen. Gemüsebrühe angießen und Grünkernschrot dazugeben. Aufkochen und etwa 10 Minuten unter Rühren ausquellen lassen. Vom Herd nehmen, leicht abkühlen lassen.

Eier, Haferflocken, Oregano, Senf, geriebenen Käse und Salz untermengen. Falls die Masse zu feucht ist, mehr Haferflocken dazugeben. Mit feuchten Händen Frikadellen formen.

Sesamsamen und Kürbiskerne auf einem Teller vermischen, die Frikadellen darin wenden. Reichlich Rapsöl in einer Pfanne erhitzen, die Frikadellen auf beiden Seiten darin scharf anbraten und dann die Hitze reduzieren und 3–4 Minuten weitergaren. Mit Rote-Bete-Kren und Feldsalat servieren.

ROTE-BETE-KREN 1–2 gegarte Rote Beten (etwa 200 g) fein reiben und in eine Schüssel geben. 1 kleinen Apfel vierteln, Kerngehäuse entfernen und mit Schale grob reiben. Mit 3 EL geriebenem Meerrettich zur Roten Bete geben. Alles gut vermengen, mit Salz und Pfeffer würzen und mit Zucker abschmecken.

FELDSALAT 500 g Feldsalat putzen. 1 Knoblauchzehe schälen und halbieren. Mit den Schnittstellen eine Salatschüssel ausreiben. (Knoblauchzehe für eine andere Verwendung aufheben.) 1 EL Apfelessig mit 2 TL Dijon-Senf in die Schüssel geben, langsam 3 EL Walnussöl dazugeben und alles gut verrühren. Mit Salz und Pfeffer würzen. Feldsalat in die Schüssel geben und vorsichtig mit dem Dressing mischen.

Roter Elstar
kg 2,99 €
Deutschland
Klasse

Der Milch-Baron

aus Brandenburg

Das Ökodorf Brodowin liegt zwischen sanften Hügeln, Seen und Buchenwäldern mitten in Brandenburg, eine gute Stunde von Berlin entfernt, im UNESCO-Biosphärenreservat Schorfheide-Chorin. Seit mehr als zwei Jahrzehnten werden hier nach bio-dynamischen Grundsätzen Getreide, Ackerfutter und Gemüse angebaut. Auf dem vielfach prämierten Demeter-Hof, dessen Geschicke seit einiger Zeit der studierte Landwirt von Maltzan lenkt, weiden rund 175 Milchkühe, meckern 200 Milchziegen und gackern rund 400 Hühner.

In Brodowin kann man lernen, wie Ökolandbau funktioniert: Kühe und Ziegen leben fern von Chemie und Umweltgiften, im luftigen Stall bekommen sie Futter aus eigenem Anbau, und auch im Winter steht allen Tieren der Weideausgang offen. Ihre Rohmilch gelangt über kurze Wege in die Meierei. Das Ergebnis kann sich schmecken lassen: Kuh- und Ziegenmilch kommt in Flaschen und Beutel, Butter, Käse und der Brodowiner Mozzarella in ansprechende Verpackungen.

Der gut bestückte, auch sonntags geöffnete Hofladen bietet frisches Ökogemüse per Abo-Kiste und für Radler und Besucher außerdem zünftige Bio-Landküche: hausgemachte Suppen, selbst gebackenen Kuchen, frische Säfte und Buttermilch.

Teltower Rübchen

Die berühmten Teltower Rübchen stammen ursprünglich aus der Mark Brandenburg, wo sie bis heute auf den mageren Sandböden rund um Berlin angebaut werden. Inzwischen wird die zarte, würzige Rübensorte, die zu Goethes Leibspeisen zählte, auch im Gebiet der fruchtbaren Vierlande in Norddeutschland gezogen.

Für 4 Portionen

750 g Teltower Rübchen
50 g Butter
30 g Zucker
125 ml Hühnerbrühe
Salz
½ Bund Petersilie
80 g Räucherspeck in dünnen Scheiben

Teltower Rübchen schälen. Butter in einem Topf zerlassen, Zucker unter Rühren dazugeben und die Rübchen etwa 2 Minuten darin hell karamellisieren. Mit Hühnerbrühe ablöschen und mit Salz würzen.

Rübchen im offenen Topf in 30–40 Minuten weich dünsten. Die Kochflüssigkeit sollte am Ende der Kochzeit fast verdampft und die Rübchen rundherum glasiert sein. Petersilie fein hacken. In einer Pfanne den Räucherspeck bei kleiner Hitze knusprig auslassen. Zu den Rübchen servieren.

TIPP Zu Geflügel und Wild sind Teltower Rübchen ein großer Genuss. Sie schmecken auch gemischt mit anderen Wurzelgemüsen, wie z. B. Pastinaken, Möhren, Kartoffeln oder Petersilienwurzeln.

Möhren-Kreuzkümmel-Terrine mit Sesam

Für 4–6 Portionen

1 kg Möhren
5 Eier
400 g Sahne
1 Prise Safranpulver
1 Prise geriebene Muskatnuss
Salz, Pfeffer
1 TL Kreuzkümmelsamen
2 EL Sesamsamen

Möhren schälen, längs in 2 mm dicke Streifen schneiden und in einen Topf geben. Mit kochendem Wasser übergießen und etwa 5 Minuten blanchieren. Aus dem Wasser nehmen. Eier, Sahne, Safranpulver und Muskatnuss verquirlen. Mit Salz und Pfeffer abschmecken.

Backofen auf 180 °C Ober-/Unterhitze vorheizen. Terrinenform (1½ l Inhalt) mit Frischhaltefolie auslegen, dabei ringsum 5–10 cm überstehen lassen. Möhrenstreifen längs in die Form schichten. Jede Schicht mit einigen Kreuzkümmelsamen bestreuen. So lange fortfahren, bis alle Möhrenstreifen verbraucht sind. Mit der Eiersahne übergießen.

Terrinenform mit der überstehenden Frischhaltefolie verschließen. In die Fettpfanne des Backofens stellen und so viel heißes Wasser angießen, bis die Form bis 1–2 cm unterhalb des Terrinenrandes im Wasser steht. Auf mittlerer Schiene etwa 40 Minuten garen. Herausnehmen und auskühlen lassen.

Sesamsamen ohne Fett in einer Pfanne goldbraun rösten. Terrine auf eine rechteckige Platte oder ein Brett stürzen. Mit Sesam bestreuen und servieren.

TIPP Dazu passen Blattsalat und Dips wie z. B. Aioli (Rezept S. 115).

Graupensalat mit Schwarzwurzeln und Cranberrys

Für 4 Portionen

20 Cranberrys (Moosbeeren)
300 g Schwarzwurzeln
Saft von 1 Zitrone
4 Frühlingszwiebeln
1 Knoblauchzehe
2–3 EL Olivenöl
300 g Graupen
150 ml Weißwein
1,2 l Geflügelbrühe
Salz, Pfeffer

Cranberrys in lauwarmem Wasser etwa 20 Minuten quellen lassen. Schwarzwurzeln schälen, in eine Schüssel mit Wasser und Zitronensaft legen, damit sie nicht anlaufen. Weiße Teile der Frühlingszwiebeln grob, grüne Teile fein hacken. Knoblauchzehe schälen und fein schneiden. Schwarzwurzeln aus dem Wasser nehmen, trocken tupfen und schräg in etwa 1 cm lange Stücke schneiden.

Olivenöl in einer Kasserolle erhitzen. Schwarzwurzeln, weiße Teile der Frühlingszwiebeln und Knoblauch bei großer Hitze anrösten, einen Deckel auflegen und etwa 5 Minuten dünsten. Die Graupen zugeben, kurz unter Rühren mitgaren. Weißwein dazugeben und umrühren. Graupen bei kleiner Hitze quellen lassen. Cranberrys abgießen und in den Topf geben. Die Hälfte der Brühe angießen, umrühren und weitere 30 Minuten garen. Immer wieder Brühe nachgießen und umrühren, damit die Graupen nicht ansetzen.

Sowie die Graupen gar sind, die grünen Teile der Frühlingszwiebeln dazugeben, 1–2 Minuten mitgaren. Vom Herd nehmen und mit Salz und Pfeffer abschmecken. Lauwarm oder kalt servieren.

Apfel-Crumble mit Blauschimmelkäse und Walnusskernen

Im Winter werden in vielen Hofläden und auf Märkten alte Apfelsorten angeboten, wie z. B. Rote Sternrenette, Roter Pariner oder Purpurroter Cousinot. Aufgrund ihrer intensiven roten Färbung sind sie als Weihnachtsäpfel sehr begehrt und wurden früher als Schmuck an den Tannenbaum gehängt. Die Sorten zeichnen sich durch besonders aromatisches, helles Fruchtfleisch aus.

Für 1 feuerfeste Form, 26–28 cm ø

150 g Butter
800 g rotschalige Äpfel (z. B. Rote Sternrenette)
1 Zweig Thymian
1 TL brauner Zucker
Saft von 1 Zitrone
2–3 EL Portwein
50 g Walnusskernhälften
175 g Mehl
1 EL Zucker
125 g Blauschimmelkäse (z. B. Roquefort)

Feuerfeste Form mit 1 TL Butter ausbuttern. Äpfel achteln und das Kerngehäuse entfernen. Thymianblättchen abzupfen. 70 g Butter in einer Pfanne zerlassen. Apfelachtel darin mit braunem Zucker, Thymian, Zitronensaft und Portwein etwa 5 Minuten dünsten. In die Form füllen. Backofen auf 200 °C Ober-/Unterhitze vorheizen.

Walnusskernhälften in einer beschichteten Pfanne ohne Fett anrösten, herausnehmen und abkühlen lassen. Restliche Butter zerlassen, in einer Schüssel mit Mehl und Zucker verkneten und zu Streuseln formen. Blauschimmelkäse zerbröckeln und unter die Streusel geben. Streusel-Käse-Mischung auf den Äpfeln verteilen und Walnusskerne darüberstreuen. Crumble auf der untersten Schiene in 25–30 Minuten knusprig backen.

TIPP Anstelle der Walnusskerne schmecken auch geröstete Kürbiskerne, Mandelblättchen, Sonnenblumenkerne und/oder halbierte Haselnusskerne lecker.

Rote-Bete-Carpaccio

Das köstliche Gemüse hält zusammen mit dem Spargel den Weltrekord beim Folsäuregehalt. Im Winter macht die leckere Knolle dazu noch eine gute Figur: Rote Beten gehen dem Winterspeck an den Kragen.

Für 4–6 Portionen

1 kg gegarte Rote Bete
1 Schalotte
2 EL Gemüsebrühe
4 EL Apfelessig
8 EL Olivenöl
grobes Meersalz, Pfeffer
1 Bund Frühlingszwiebeln

Die Rote Bete schälen, von Strünken befreien und in feine Scheiben hobeln. Die Scheiben auf Tellern fächerförmig anrichten und beiseitestellen. Die Schalotte schälen und klein schneiden. Mit Gemüsebrühe, Essig und Öl in eine Schüssel geben. Alles mit dem Stabmixer pürieren. Mit Salz und Pfeffer würzen. Dressing über das Carpaccio träufeln. Die Frühlingszwiebeln in Ringe schneiden, über das Carpaccio streuen und sofort servieren.

TIPP Das Dressing mit 3 EL Sauerrahm, 1 TL Dijon-Senf und 1 Prise gemahlenem Kümmel oder mit Dill verfeinern.

Wild auf Wild

Im Spätherbst und Winter hat Wild in der Küche Hauptsaison. Wer bei Fleisch Wert auf regionale Herkunft, artgerechte Haltung und natürliches Wachstum legt, liegt mit Reh, Hirsch, Hase und Wildschwein genau richtig. Wildbret, kurz einfach Wild genannt, ist ein Geschenk der Natur und zählt zu den begehrtesten Biolebensmitteln überhaupt. Wild und Wildgeflügel sind besonders fett- und cholesterinarm.

Wildfleisch lässt sich kochen, braten, schmoren oder grillen und schmeckt immer köstlich. Wild aus der Region gelangt das ganze Jahr über frisch in die Wald- und Hofläden, zum Wildhändler und auf die Wochenmärkte. Feinschmecker beginnen den kulinarischen Jagdkalender mit dem zarten Fleisch des Maibocks im Frühsommer.

Sieben goldene Regeln für die Wildküche

1. Wild gibt es das ganze Jahr über. Frisch zur jeweiligen Jagdsaison, tiefgefroren oder geräuchert.
2. Wer mehr über Wild wissen möchte, kann sich im heimischen Forst oder bei den Jagdverbänden der Region kundig machen, wo es frisches Wild zu kaufen gibt. Auch Bio-Supermärkte und Hofläden führen Wild aus der Region.
3. Pro Portion rechnet man mit 150–200 g Fleisch ohne Knochen, mit Knochen etwa 350 g, als Vorspeise die Hälfte.
4. Beim Wildeinkauf lohnt es, sich Karkassen und Knochen für die Soßenzubereitung mitgeben zu lassen.
5. Frisches Wild kann unbedenklich 2–3 Tage im Kühlschrank lagern. Eingeschweißt hält es sich noch länger.
6. Tiefgefrorenes Wild hält sich 8–10 Monate in der Tiefkühltruhe. Über Nacht langsam auftauen und anderntags zubereiten oder zur Konservierung in eine Marinade legen, damit das zarte Fleisch nicht austrocknet.
7. Um Wild und Wildgeflügel auf den Punkt zu garen, lohnt sich ein Fleischthermometer. Muskelfleisch braucht eine Kerntemperatur von 80 °C, Geflügel 70–80 °C.

Wildhase in Schokoladensoße

In vielen Waldläden und auf den regionalen Märkten werden im Winter Wildhasen angeboten. Das dunkelrote Fleisch ist kräftig im Geschmack und hocharomatisch. Der besondere Wildgeschmack wird im folgenden Rezept durch die Zugabe von bittersüßer Schokolade noch gesteigert.

Für 4 Portionen

2 EL Sultaninen
125 ml Portwein oder Marsala
1 kg küchenfertiger, portionierter Wildhase oder Wildhasenkeulen
3 EL Essig
½ Bund Thymian
6 Wacholderbeeren
125 ml Olivenöl
Salz, Pfeffer
50 g Butter
300 ml Wildfond
100 g Schokolade (60 % Kakaoanteil)
2 EL Pinienkerne
2–3 EL Holunder- oder Brombeergelee
1 EL Balsamico-Essig

Sultaninen in Portwein oder Marsala einweichen und mindestens 1 Stunde quellen lassen. Anschließend abtropfen lassen.

Hasenteile oder -keulen mit einem feuchten, in Essig getränkten Küchentuch rundherum säubern.

Thymianblättchen abzupfen. Wacholderbeeren im Mörser zerstoßen. Olivenöl mit den Wacholderbeeren, ½ TL Salz, ½ TL Pfeffer und den Thymianblättchen mit dem Stabmixer zu einer feinen Paste pürieren. Hasenteile oder -keulen mit der Würzpaste einpinseln.

Butter in einem Schmortopf zerlassen. Fleisch darin rundherum etwa 5 Minuten scharf anbraten. Mit Wildfond ablöschen. Zugedeckt 30–40 Minuten sanft weich schmoren (Gabeltest machen). Herausnehmen und warm stellen.

Schmorfond weiter köcheln lassen. Schokolade fein raspeln und mit den abgetropften Sultaninen und den Pinienkernen in den Fond geben. Holunder- oder Brombeergelee und Balsamico-Essig unterrühren. Soße mit Salz und Pfeffer abschmecken. Die Hasenteile oder- keulen in die heiße Soße legen und wieder erwärmen. Heiß servieren.

TIPP Dazu passen z. B. Rosenkohl (Rezept S. 176) und hausgemachte Nudeln.

Pot-au-feu vom Wildschwein mit karamellisierten Maronen

Für 4 Portionen

1 kg Wildschweinschulter (z. B. vom Frischling)
Salz, Pfeffer
10 kleine Schalotten
6 Knoblauchzehen
6 Zweige Thymian
2 Zweige Rosmarin
2 Lorbeerblätter
1 Bio-Orange
10 Wacholderbeeren
2 Gewürznelken
150 ml Olivenöl
1 l Rotwein
4 EL Mehl
50 g Butter oder Gänseschmalz
2 EL Zucker
200 g gegarte und geschälte Maronen (Fertigprodukt)

Fleisch in 3 cm große Würfel schneiden, mit Salz und Pfeffer würzen. Schalotten und Knoblauchzehen schälen und vierteln. Thymianblättchen und Rosmarinnadeln abzupfen, ein paar Nadeln beiseitelegen. Mittelrippen der Lorbeerblätter entfernen. Schale von der Orange reiben und Saft auspressen.

In einer großen Schüssel Schalotten, Knoblauchzehen, Kräuter, alle Gewürze, Orangensaft und Orangenschale vermengen. Unter Rühren Olivenöl und so viel Wein angießen, bis eine dickflüssige Marinade entstanden ist. Fleischwürfel in die Marinade geben und darin wenden.

Einen Schmortopf mit Deckel (am besten aus Gusseisen) sehr heiß werden lassen. Die marinierten Fleischwürfel hineingeben und in 3–4 Minuten von allen Seiten scharf anbraten. Hitze etwas reduzieren und unter Rühren das Mehl dazugeben. Vom restlichen Wein so viel angießen, dass das Fleisch etwa 3 cm hoch mit Flüssigkeit bedeckt ist. Den Topf mit dem Deckel verschließen. Das Fleisch etwa 3 Stunden sanft schmoren lassen. Zwischendurch wenden, damit das Fleisch nicht ansetzt. Eventuell etwas Wein nachgießen, falls die Flüssigkeit verdampft ist.

Für die Maronen Butter oder Gänseschmalz in einer Pfanne zerlassen, Zucker einrieseln lassen und unter Rühren langsam in 5–10 Minuten karamellisieren. Maronen aus der Packung nehmen und einzeln in die Pfanne geben. Im Karamell schwenken, bis sie vollständig damit überzogen sind. Maronen etwa 10 Minuten vor Ende der Garzeit zum Wildschwein geben. Gericht nochmals mit Salz und Pfeffer abschmecken. Mit den restlichen Rosmarinnadeln bestreuen.

OFENKARTOFFELN Nicht zu große Kartoffeln waschen und in Alufolie wickeln. Im Backofen bei etwa 180 °C Ober-/Unterhitze auf dem Rost 30–40 Minuten garen. Aus der Folie wickeln, mit grobem Salz bestreuen und zum Wildschweintopf servieren.

Forelle im Wirsingblatt

Forellen sind sehr vielseitig. Die beliebten Süßwasserfische lassen sich grillen, dünsten, pochieren, backen und passen zu vielen Kräutern und Gemüsen – je nach Saison.

Für 4 Portionen

4 küchenfertige Regenbogenforellen (à 250–300 g)
Salz, Pfeffer
8 Zweige frischer Thymian
4 große Wirsingblätter
120 ml Olivenöl
50 ml Weißwein
3 EL Zitronensaft
1 Bio-Zitrone

Backofen auf 220 °C Ober-/Unterhitze vorheizen. In einem Topf Wasser aufkochen. Forellen innen und außen mit Salz und Pfeffer würzen. Je 2 Thymianzweige in die Forellen stecken. Wirsingblätter etwa 5 Minuten im Salzwasser blanchieren. Herausnehmen, abtropfen lassen und trocken tupfen. Forellen mit je 1 Wirsingblatt umwickeln und mit Küchengarn verschnüren.

In eine feuerfeste Form legen. Olivenöl, Weißwein und Zitronensaft über die Forellen träufeln. Nochmals salzen und pfeffern. Auf unterster Schiene 15–20 Minuten garen. Zitrone vierteln. Forellen aus dem Ofen nehmen, auf Teller legen und mit Zitronenvierteln servieren.

Bauerngans mit Beifuß und Kirsch-Wirsing

Für 6 Portionen

1 küchenfertige Weidegans (4–5 kg)
Salz, Pfeffer
3 Zweige frischer Majoran
3–4 Zweige getrockneter Beifuß
1 Bund Suppengrün
2 Zwiebeln
1 kg Wirsing
50 g Gänseschmalz
1 Schalotte
20 Sauerkirschen aus dem Glas
1 Prise Zucker
4 Gewürznelken
2 EL Sonnenblumenöl
3 EL Honig
30 g Butter

Den Backofen auf 220 °C Ober-/Unterhitze vorheizen. Gans innen und außen mit Salz und Pfeffer würzen. Majoran- und Beifußzweige in den Bauch stecken. Gans mit der Brustseite nach unten in einen großen Bräter oder in die Fettpfanne des Backofens legen. Mit etwa 300 ml kochendem Wasser übergießen. Auf unterster Schiene etwa 1 Stunde garen, dabei nach 30 Minuten wenden.

Das Suppengrün grob hacken. Die Zwiebeln schälen und vierteln. Zur Gans geben. Backofentemperatur auf 180 °C Ober-/Unterhitze reduzieren. Die Gans noch einmal 60–90 Minuten (je nach Größe) braten. Dabei häufig mit dem Bratensaft begießen. Überschüssiges Fett abschöpfen.

Wirsing vierteln, den Strunk entfernen, die Viertel hobeln. Wirsingstreifen mit kochendem Wasser übergießen und abtropfen lassen. Gänseschmalz in einer Pfanne erhitzen. Schalotte schälen, würfeln und zusammen mit den Sauerkirschen darin etwa 2 Minuten anbraten. Wirsing dazugeben. Mit Salz, Pfeffer und Zucker würzen. Gewürznelken zugeben und 125 ml Wasser angießen. Zugedeckt etwa 30 Minuten dünsten.

Kurz vor Ende der Bratzeit Sonnenblumenöl und Honig vermengen und die Haut der Gans damit bepinseln. Weiterbraten, bis die Haut knusprig braun ist. Gans aus dem Ofen nehmen und etwas ruhen lassen. Fett abgießen und Bratensatz mit 125 ml Wasser loskochen. Anschließend die Soße durch ein Sieb streichen. Wirsing mit Salz und Pfeffer abschmecken, Butter in Flöckchen dazugeben und unterrühren. Wirsing und Soße getrennt zur Gans servieren.

GEFÜLLTE GANS 500 g Backobst (Äpfel, Aprikosen, Backpflaumen) mit heißem Wasser überbrühen und etwa 20 Minuten quellen lassen. Abgießen und mit 1 kleinen Bund frischem Majoran und ein paar Beifußzweigen in die Gans stecken. Braten wie oben beschrieben und Gans z. B. zu Rotkohl und Knödeln servieren.

500 ML

Wildente mit Blutorangen und Radicchio

Für 4 Portionen

2 küchenfertige Wildenten (à etwa 1½ kg)
Salz, Pfeffer
6–7 Bio-Blutorangen
1 Apfel
2 Schalotten
3 EL Honig
400 ml Entenfond
2 Radicchio
1 EL Sonnenblumenöl
1 Bund frischer Thymian
3 EL Zucker
8 Scheiben Frühstücksspeck

Backofen auf 180 °C Ober-/Unterhitze vorheizen. Enten innen und außen kräftig mit Salz und Pfeffer würzen. 4 Blutorangen, Apfel und Schalotten schälen, grob würfeln. Die Enten damit füllen. Restliche 2–3 Blutorangen auspressen. Von 1 Orange vorher die Schale abreiben. Entenkeulen mit Küchengarn zusammenbinden und die Bauchöffnung mithilfe eines Zahnstochers verschließen.

Mit der Brustseite nach oben in eine Kasserolle oder feuerfeste Form legen. Honig und 2 EL Blutorangensaft mischen und die Enten damit einpinseln. Auf mittlerer Schiene in 40–50 Minuten rosa braten. Dabei bis 10 Minuten vor Ende der Garzeit immer wieder mit der Honig-Saft-Mischung bepinseln. Wird die Brust zu braun, mit Alufolie abdecken. Die Enten sind gar, wenn aus den Keulenenden beim Einstechen kein Fleischsaft mehr austritt. Enten aus dem Ofen nehmen, in Alufolie wickeln und etwa 10 Minuten ruhen lassen.

Für die Soße Bratensaft entfetten und Fond angießen. Orangenschale zur Soße geben, kurz aufkochen und den restlichen Blutorangensaft dazugeben. Die Soße etwas einkochen lassen. Mit Salz und Pfeffer abschmecken. Warm halten.

Radicchio von den äußeren Blättern befreien und vierteln. Öl in einer Pfanne oder im Wok heiß werden lassen. Thymianblättchen abzupfen, ein paar davon zur Seite legen. Den Rest mit dem Zucker in die Pfanne geben und karamellisieren. Radicchioviertel jeweils mit 1 Scheibe Frühstücksspeck umwickeln und in den Karamell legen. Mit Pfeffer würzen und unter Rühren etwa 10 Minuten sanft garen. Radicchio herausnehmen und mit den beiseitegelegten Thymianblättchen bestreuen. Zum Servieren die Enten halbieren, mit gebratenem Radicchio und Soße servieren.

Rosenkohl mit gerösteten Mandelstiften

Die kleinen Röschen des Rosenkohls haben es in sich: Ihr würzig-feiner Geschmack macht sie zu einem der beliebtesten Kohlgemüse. Die Miniknollen sind reich an Vitamin B1 und Folsäure – das sorgt für Vitalität und Konzentrationsfähigkeit. Rosenkohl gibt es den ganzen Winter über. Je grüner die kleinen Knollen, desto frischer ist er.

Für 4–6 Portionen

1 kg Rosenkohl
3 rote Zwiebeln (etwa 100 g)
3 EL Butter
Salz, Pfeffer
geriebene Muskatnuss
200 ml Gemüsebrühe
1 TL Zucker
50 g Mandelstifte

Rosenkohl putzen und die Strünke 3 mm tief kreuzweise einschneiden. Zwiebeln schälen und achteln. 2 EL Butter in einem Topf zerlassen. Zwiebeln darin 1–2 Minuten scharf anbraten. Den Rosenkohl dazugeben und unter Rühren anrösten. Mit Salz, Pfeffer und Muskatnuss würzen und mit der Gemüsebrühe ablöschen. Den Rosenkohl 15–20 Minuten köcheln. Die Röschen sollten noch Biss haben.

Restliche Butter in einer Pfanne aufschäumen, den Zucker einstreuen, umrühren, die Mandelstifte dazugeben und in 1–2 Minuten bei kleiner Hitze knusprig braun rösten. Rosenkohl abgießen, in den Topf zurückgeben, mit Salz und Pfeffer abschmecken. Die gerösteten Mandelstifte unter den Rosenkohl mischen.

TIPP Der Rosenkohl mit den gerösteten Mandelstiften schmeckt zu Wild- und Geflügelgerichten.

Geflügelleberpastete mit Backobst

Für 4 Portionen

1 gebratenes Hähnchen (etwa 1,2 kg)
2 kleine Zwiebeln
4 Zweige Thymian
2 EL Butter
500 g frische Geflügelleber
1 TL getrockneter Thymian
1 EL Koriandersamen
½ TL gemahlener Koriander
Salz, Pfeffer
6 EL Calvados oder ein anderer Obstbrand
250 g Sahne
250 g Dörrobst (z. B. getrocknete Äpfel, Birnen, Pflaumen, Sauerkirschen, Feigen)
3 cm Ingwerwurzel
50 ml halbtrockener Rotwein
1 Sternanis
1 Zimtstange
5 Pimentkörner
4 Gewürznelken
3 cm Schale von 1 Bio-Zitrone
30 ml (alter) Balsamico-Essig
1–2 EL brauner Zucker

Das Hähnchen häuten, das Fleisch von den Knochen lösen und klein schneiden. Zwiebeln schälen und fein hacken. Thymianblättchen abzupfen. Butter in einer Pfanne zerlassen. Zwiebel und Geflügelleber darin anbraten. Alles mit dem getrockneten und frischen Thymian, Koriandersamen, gemahlenem Koriander, Salz und Pfeffer kräftig würzen. Mit Calvados oder einem anderen Obstbrand ablöschen. Etwa 5 Minuten köcheln lassen. Vom Herd nehmen.

Zwiebelleber, Hähnchenfleisch und Sahne mit dem Stabmixer fein pürieren. Nochmals pikant abschmecken und in eine Pastetenform (1½ l Inhalt) mit Deckel füllen. Einige Stunden im Kühlschrank erkalten lassen.

Backobst in einen Topf geben. Ingwer schälen. Mit Rotwein, Sternanis, Zimtstange, Pimentkörnern, Gewürznelken und Zitronenschale zum Backobst geben. Aufkochen und etwa 30 Minuten köcheln lassen. Backobst mit der Schöpfkelle herausnehmen, abtropfen lassen und in eine Schüssel geben. Rotwein-Gewürz-Mischung nochmals aufkochen, 5 Minuten einkochen lassen und durch ein Sieb abgießen. Mit Balsamico-Essig und Zucker abschmecken. Soße über das Backobst geben. Das Backobst warm zur Geflügelleberpastete reichen.

Kohlsäckchen mit Kartoffeln und Majoranbutter

Für 4 Portionen

1 Weißkohl (etwa 750 g)
Salz
5 Brötchen vom Vortag
200 ml Milch, lauwarm
1 Zwiebel
1 Bund gemischte Kräuter (z. B. Petersilie, Schnittlauch, Kerbel, Estragon)
1 Ei
Pfeffer
½ TL geriebene Muskatnuss
½ Bund Schnittlauch
180 g Butter
1 EL Sonnenblumenöl
8 kleine Kartoffeln (etwa 500 g)
100 ml Gemüsebrühe
1 Bund Majoran

Den Strunk des Weißkohls herausschneiden. Kohlkopf in einen großen Topf geben und 4–5 cm hoch mit Salzwasser bedecken. Aufkochen und den Kohl im siedenden Wasser garen. Dabei Kohlblätter nach und nach mithilfe einer Gabel lösen und beiseitelegen, bis alle Kohlblätter abgelöst sind. Zurück in den Topf geben und weich kochen. Herausnehmen, abtropfen lassen und trocken tupfen. Dicke Mittelrippen der Kohlblätter flach schneiden.

Brötchen mit einem scharfen Messer in dünne Scheiben schneiden. Mit lauwarmer Milch übergießen und etwa 10 Minuten quellen lassen. Anschließend ausdrücken. Zwiebel schälen und fein hacken. Gemischte Kräuter fein schneiden. Zwiebel, Kräuter und Ei zur Brötchenmasse geben und mit dem Stabmixer pürieren. Mit Salz, Pfeffer und geriebener Muskatnuss würzen. Auf jedes Kohlblatt 1 EL Brötchen-Kräuter-Mischung geben. Gefüllte Kohlblätter mit je 1 Schnittlauchhalm zu kleinen Beuteln verschließen.

3 EL Butter und das Öl in einem Schmortopf erhitzen, Kartoffeln mit Schale dazugeben und in etwa 10 Minuten rundherum braun rösten, dabei häufig wenden. Mit der Gemüsebrühe ablöschen. Zugedeckt 25–30 Minuten schmoren, bis die Kartoffeln gar sind. 2 EL Butter in einer großen Kasserolle zerlassen und die gefüllten Kohlblätter mit aufgelegtem Deckel etwa 10 Minuten dünsten. Majoranblättchen abzupfen. Restliche Butter in einem kleinen Topf aufschäumen und die Majoranblättchen kurz darin schwenken. Kohlsäckchen mit Kartoffeln und Majoranbutter servieren.

Gefüllte Bratäpfel

Für 4 Portionen

1 TL Butter
150 g Marzipanrohmasse
30 g Mandeln
30 g Datteln, entsteint
20 g Rosinen
4 mittelgroße oder 8 kleine Äpfel
Saft von 1 Zitrone
70 ml Apfelsaft
150 g Puderzucker

Backofen auf 180 °C Ober-/Unterhitze vorheizen. Eine Auflaufform ausbuttern.

Marzipanmasse in eine Schüssel geben. Mandeln in einer kleinen Schüssel mit kochendem Wasser übergießen, 5–10 Minuten ziehen lassen, abgießen und die Häute abziehen. Die geschälten Mandeln und die Datteln fein hacken. Mit den Rosinen zum Marzipan geben und alles verkneten. Die Marzipanmasse in 4 oder 8 Portionen teilen und jeweils zu etwa 1 cm dicken Rollen formen.

Äpfel mit einem weichen Tuch abreiben und jeweils das Kerngehäuse mit einem Apfelausstecher entfernen – möglichst ohne die Apfelböden zu durchstechen. Je eine Marzipanrolle in die Aushöhlungen drücken. Bratäpfel in die Auflaufform setzen, mit Zitronen- und 50 ml Apfelsaft beträufeln. Auf mittlerer Schiene 25–30 Minuten backen. Aus dem Backofen nehmen und abkühlen lassen.

Vor dem Servieren 125 g Puderzucker mit dem restlichen Apfelsaft anrühren, in einen Spritzbeutel geben und Sternmotive auf die erkalteten Äpfel spritzen. Die gefüllten Bratäpfel mit dem restlichen Puderzucker bestäuben und als Dessert servieren.

VANILLESOSSE schmeckt köstlich zu Bratäpfeln: 200 g Sahne mit 200 ml Milch und dem Mark von 1 Vanilleschote in einen Topf geben und aufkochen. Vom Herd nehmen. 80 g Puderzucker und 3 Eigelbe aufschlagen und langsam in die heiße Milch-Sahne-Mischung einrühren. Topf wieder bei geringer Hitze auf den Herd stellen. Vanillesoße unter Rühren mit dem Schneebesen langsam eindicken lassen. Kalt oder warm zu den Bratäpfeln reichen.

Birnen in Rotwein

Für 4 Portionen

8 feste Winter-Birnen (z. B. Pastorenbirne, Vereins-dechant)
500 ml Rotwein
250 ml Weißwein
1 Bio-Orange
2 Gewürznelken
1 Zimtstange
2 EL Lavendelhonig
80 g brauner Zucker

Birnen schälen und in eine flache Kasserolle setzen. Rot- und Weißwein angießen. Von der Orange 3 cm lange Schalenstücke abscheiden und mit Gewürznelken, Zimtstange und Honig zu den Birnen geben. Den Sud aufkochen, den Zucker nach und nach unter Rühren dazugeben. Sud etwa 20 Minuten köcheln lassen. Vom Herd nehmen.

Birnen vorsichtig aus dem Sud nehmen und auf Teller setzen. Den Sud nochmals aufkochen und auf etwa die Hälfte einkochen. Orangenschale, Gewürznelken und Zimtstange entfernen. Birnen mit dem verbliebenen Sud übergießen und darin vollständig erkalten lassen.

TIPP Geschlagene Sahne mit Vanillezucker dazu servieren.

Nützliches
Preßkopf

Eine zweite Chance für Reste

Wohin mit den leckeren Überbleibseln vom Vortag? Hausgemachte Leckerbissen haben auf alle Fälle eine zweite Chance in Töpfen und Pfannen verdient, denn aus Kartoffel- und Nudelresten, aus übrig gebliebenem Gemüse und Fleisch lassen sich neue Köstlichkeiten zaubern. Zu den beliebtesten Resteessen gehören beispielsweise Kartoffelgratin und Nudelauflauf mit Käse. Aber es gibt unzählige andere Möglichkeiten.

In den Ofen

GEMÜSEGRATIN Zucchini- oder Auberginenreste in eine ausgebutterte, ofenfeste Form schichten. Frische Tomaten kurz ins heiße Wasser legen, häuten, entkernen und mit dem Stabmixer pürieren. Mit Salz und Cayennepfeffer kräftig abschmecken. Tomatensoße über Zucchini oder Auberginen geben. Geriebenen Emmentaler darüberstreuen und bei 180 °C Ober-/Unterhitze im Backofen knusprig überbacken.

GEFÜLLTES GEMÜSE Gekochten Reis und gebratenes Hackfleisch (oder klein geschnittene Bratenreste) mischen, mit Salz und Pfeffer abschmecken. In ausgehöhlte Tomaten, Auberginen, Zucchini oder Zwiebeln füllen. Mit geriebenem Käse bestreuen und in einer gefetteten, feuerfesten Form bei 180 °C Ober-/Unterhitze im Backofen etwa 1 Stunde überbacken.

OFENSCHLUPFER 6 altbackene Brötchen und einen geschälten Apfel in dünne Scheiben schneiden und abwechselnd in eine gefettete Auflaufform schichten. Mit je 50 g Zucker und Korinthen bestreuen. 2 Eier mit 125 ml Milch verrühren und darübergeben. Ist die Eiermilch eingezogen, den Auflauf bei 180 °C Ober-/Unterhitze im Backofen 40–45 Minuten überbacken.

In die Pfanne

CROÛTONS Übriggebliebenes Schwarz- oder Weißbrot in 2 cm große Würfel schneiden. Olivenöl oder Butter in einer Pfanne erhitzen und die Brotwürfel darin knusprig braun braten. Schmeckt gut im Salat und in dicken Suppen.

POLENTASCHNITTEN Polenta vom Vortag mit dem Messer in mundgerechte Stücke schneiden. Öl in einer Pfanne erhitzen und die Polentastücke darin auf beiden Seiten knusprig braten. Dazu passt selbstgemachter Tomatenketchup (s. S. 53).

GERÖSTL Kartoffeln vom Vortag in nicht zu dünne Scheiben schneiden. Bratenreste klein schneiden. Gänseschmalz (oder anderes Bratfett) in der Pfanne erhitzen. Die Kartoffeln mit fein gehackten Frühlingszwiebeln und Bratenresten von allen Seiten knusprig braten. Dazu passt Gurken- oder Tomatensalat.

SPINAT- ODER GEMÜSEOMELETT In einer beschichteten Pfanne eine fein geschnittene Zwiebel und gekochten Spinat (oder anderes gekochtes Gemüse) kurz anbraten und bei kleiner Hitze heiß werden lassen. 3–4 Eier verquirlen, salzen, pfeffern und über den Spinat (oder das Gemüse) geben. Stocken lassen, wenden und das Omelett zusammenklappen. Dazu passt Baguette.

GEFLÜGELPFANNE Kaltes, gegartes Hähnchenfleisch (oder anderes Geflügelfleisch) in mundgerechte Stücke schneiden und in wenig Sojasoße marinieren. Verschiedene frische Gemüse (Zuckerschoten, Möhren, Zucchini, Kohlrabi etc.) fein schneiden und mit Sonnenblumenöl im Wok heiß anbraten. Das Hähnchenfleisch dazugeben. Mit Salz und Pfeffer abschmecken.

In den Topf

LABSKAUS Eine einfache und schmackhafte Resteverwertung z. B. für gekochte Kartoffeln und Möhren. Beides durch die Kartoffelpresse geben und mit Milch und/oder Fleischbrühe vermengen. Bratenreste klein schneiden und mit dem Kartoffel-Möhren-Mus vermischen. In einem Topf bei kleiner Hitze erwärmen. Mit Salz und Pfeffer abschmecken. Zum Labskaus werden traditionsgemäß eingelegter Hering, Rote Bete, saure Gurken und Spiegelei serviert.

NUDELSOSSE Aus Fleisch- und Geflügelresten lassen sich schmackhafte Soßen machen. Dazu die Fleischreste sehr fein schneiden (oder durch den Fleischwolf drehen). Mit der restlichen Bratensoße in einen Topf geben und erwärmen. Frische Kräuter (z. B. Rosmarin, Thymian, Petersilie) hacken und unterrühren. Mit gekochten Nudeln vermischen und servieren.

LINSENSUPPE Gekochte Linsen (oder gekochte weiße Bohnen oder Erbsen) pürieren und mit Fleischbrühe zur Suppe aufkochen. Gegarte Fleisch- oder Geflügelreste würfeln und in der Suppe heiß werden lassen. Gehackte Petersilie oder andere Kräuter dazugeben. Kräftig mit Salz und Pfeffer würzen.

FLÄDLESUPPE Pfannkuchen vom Vortag in hauchdünne Streifen schneiden und in heißer Hühnerbrühe erwärmen. Fein geschnittene Streifen frischer Ingwer, etwas Zitronensaft und Petersilie dazugeben. Mit Salz und Pfeffer abschmecken.

In die Salatschüssel

KARTOFFELSALAT Gekochte Kartoffeln vom Vortag mit dem Messer dünn aufschneiden. Zusammen mit fein gehackter Zwiebel und Gurkenscheiben in eine Schüssel geben. Aus warmer Fleischbrühe, Essig, Öl, Salz und Pfeffer eine Salatsoße anrühren und über den Salat geben. Umrühren und etwa 20 Minuten ziehen lassen. Mit frischen Schnittlauchröllchen bestreuen.

RINDFLEISCHSALAT Gekochtes oder gebratenes Rindfleisch vom Vortag in dünne Scheiben schneiden. Rindfleischscheiben, feine Zwiebelwürfel, klein geschnittene Essiggurken und fein gewiegte Petersilie in eine Schüssel geben. Aus 5 EL Apfelessig, 5 EL Öl und 4 EL Wasser eine Salatsoße anrühren. Mit Salz, Zucker und weißem Pfeffer abschmecken und über den Rindfleischsalat geben.

GEFLÜGELSALAT Gegartes Hähnchenfleisch in dünne Scheiben schneiden und auf Tellern anrichten. Weiße Bohnen aus der Dose abtropfen lassen. Mit saurer Sahne oder Schmand mit dem Stabmixer pürieren. Fein gehackte Kräuter nach Geschmack unterrühren. Mit Salz und Pfeffer abschmecken. Über das kalte Hühnerfleisch geben. Dazu passt grüner Salat.

Adressen

Unsere Hofläden im Buch

Brandenburg Ökodorf Brodowin, Demeter-Hofladen Brodowin, 16239 Brodowin, www.brodowin.de

Rheinland-Pfalz Bioland-Hofladen Carius, 76879 Ottersheim, www.angushof-carius.de

Bayern Herrmannsdorfer Landwerkstätten, Biokreis-Verband, Bioland-Hofladen, 85625 Glonn, www.herrmannsdorfer.de

Nordrhein-Westfalen Biobauer Palm, Naturland-Hofladen, 53332 Bornheim-Uedorf, www.biobauerpalm.de

Nützliche Bio-Adressen und Links

Bio-Shopping

Link zu den regionalen Bio-Einkaufsführern: www.oekolandbau.de/verbraucher/kaufen/regionale-einkaufsfuehrer

Portal mit Adressen von Hofläden und Direktvermarktern im ganzen Bundesgebiet: www.einkaufen-auf-dem-bauernhof.com

Online-Shop der Hofläden mit Anbieterverzeichnis: www.hofladen-portal.de

Bio-Verbände

Bio-Produkte, die in Deutschland oder in den anderen EU-Mitgliedsstaaten hergestellt oder verpackt werden, müssen auf dem Etikett das EU-Bio-Logo und die Codenummer der zuständigen Kontrollstelle tragen, zum Beispiel DE-ÖKO-007. Das EG-Bio-Logo sagt aus, dass es sich um ein Bioprodukt handelt, gibt aber keine Garantie für die übrige Qualität des Produktes.

Ökolandwirtschaftliche Anbauverbände, deren Richtlinien über den EG-Bio-Standard hinausgehen:
Demeter: www.demeter.de
Bioland: www.bioland.de
Naturland e. V.: www.naturland.de
Biokreis e. V.: www.biokreis.de
Ecoland: www.ecoland-verband.de
Ecovin e. V.: www.ecovin.de
GÄA. E. V.: www.gaea.de
Biopark e. V.: www.biopark.de

Bund ökologischer Lebensmittelwirtschaft

Der Bund Ökologische Lebensmittelwirtschaft e. V. (BÖLW) ist der Spitzenverband landwirtschaftlicher Erzeuger, Verarbeiter und Händler ökologischer Lebensmittel in Deutschland: www.boelw.de

Bundesministerium für Ernährung, Landwirtschaft und Verbraucherschutz

Das Informationsportal zum ökologischen Landbau, zu Ernährungs- und Verbraucherfragen bietet alles rund um das Thema Ökologie: www.bmelv.de, www.bio-siegel.de

Bundesanstalt für Landwirtschaft und Ernährung

Geschäftsstelle Bundesprogramm Ökologischer Landbau und andere Formen nachhaltiger Landwirtschaft (BÖLN); Zahlen, Daten, Fakten, Termine und Biobotschafter, Infos rund um den Ökologischen Landbau: www.ble.de, www.bundesprogramm.de, www.oekolandbau.de

Saisonkalender

Gemüse	Jan.	Feb.	März	April	Mai	Juni	Juli	Aug.	Sep.	Okt.	Nov.	Dez.
Aubergine							🍃🍃	🍃🍃	🍃🍃	🍃🍃		
Blumenkohl					🍃🍃	🍃🍃	🍃🍃	🍃🍃	🍃🍃	🍃🍃		
Bohnen, grüne						🍃🍃	🍃🍃	🍃🍃	🍃🍃	🍃🍃		
Bohnen, Dicke						🍃🍃	🍃🍃	🍃🍃				
Brokkoli						🍃🍃	🍃🍃	🍃🍃	🍃🍃	🍃🍃		
Champignons	🍃🍃	🍃🍃	🍃🍃	🍃🍃	🍃🍃	🍃🍃	🍃🍃	🍃🍃	🍃🍃	🍃🍃	🍃🍃	🍃🍃
Chicorée	🍃🍃	🍃🍃	🍃🍃	🍃						🍃🍃	🍃🍃	🍃🍃
Erbsen						🍃🍃	🍃🍃	🍃🍃				
Fenchel						🍃🍃	🍃🍃	🍃🍃	🍃🍃	🍃🍃	🍃🍃	
Grünkohl	🍃🍃	🍃🍃									🍃🍃	🍃🍃
Gurke						🍃🍃	🍃🍃	🍃🍃	🍃🍃	🍃🍃		
Kartoffel	🍃	🍃	🍃	🍃	🍃	🍃🍃	🍃🍃	🍃🍃	🍃🍃	🍃🍃	🍃	🍃
Kürbis								🍃🍃	🍃🍃	🍃🍃	🍃🍃	🍃
Lauch	🍃🍃	🍃🍃	🍃🍃	🍃🍃			🍃🍃	🍃🍃	🍃🍃	🍃🍃	🍃🍃	🍃🍃
Mangold					🍃🍃	🍃🍃	🍃🍃	🍃🍃	🍃🍃	🍃🍃		
Möhren	🍃	🍃	🍃	🍃	🍃	🍃🍃	🍃🍃	🍃🍃	🍃🍃	🍃🍃	🍃	🍃
Paprika							🍃🍃	🍃🍃	🍃🍃	🍃🍃		
Pastinaken	🍃🍃	🍃🍃	🍃🍃	🍃					🍃🍃	🍃🍃	🍃🍃	🍃🍃
Radieschen					🍃🍃	🍃🍃	🍃🍃	🍃🍃	🍃🍃	🍃🍃		
Rosenkohl	🍃🍃	🍃🍃	🍃🍃							🍃🍃	🍃🍃	🍃🍃
Rote Bete	🍃	🍃	🍃	🍃			🍃🍃	🍃🍃	🍃🍃	🍃🍃	🍃🍃	🍃
Rotkohl	🍃	🍃	🍃	🍃	🍃	🍃🍃	🍃🍃	🍃🍃	🍃🍃	🍃🍃	🍃🍃	🍃
Schwarzwurzeln	🍃🍃	🍃🍃								🍃🍃	🍃🍃	🍃🍃
Spargel				🍃🍃	🍃🍃	🍃🍃						
Spinat			🍃🍃	🍃🍃	🍃🍃				🍃🍃	🍃🍃	🍃🍃	
Spitzkohl					🍃🍃	🍃🍃						
Staudensellerie					🍃🍃	🍃🍃	🍃🍃	🍃🍃	🍃🍃	🍃🍃		
Steckrüben	🍃	🍃	🍃						🍃🍃	🍃🍃	🍃🍃	🍃🍃
Tomaten						🍃🍃	🍃🍃	🍃🍃	🍃🍃	🍃🍃		
Topinambur	🍃🍃	🍃🍃	🍃🍃							🍃🍃	🍃🍃	🍃🍃
Weißkohl	🍃	🍃	🍃	🍃		🍃🍃	🍃🍃	🍃🍃	🍃🍃	🍃🍃	🍃🍃	🍃
Wirsingkohl	🍃🍃	🍃🍃	🍃		🍃🍃	🍃🍃	🍃🍃	🍃🍃	🍃🍃	🍃🍃	🍃🍃	
Zucchini						🍃🍃	🍃🍃	🍃🍃	🍃🍃	🍃🍃		
Zuckerschoten					🍃🍃	🍃🍃	🍃🍃	🍃🍃				
Zwiebeln	🍃	🍃	🍃	🍃	🍃	🍃	🍃🍃	🍃🍃	🍃🍃	🍃🍃	🍃	🍃

Obst	Jan.	Feb.	März	April	Mai	Juni	Juli	Aug.	Sep.	Okt.	Nov.	Dez.
Apfel	🍃	🍃	🍃	🍃	🍃			🍃🍃	🍃🍃	🍃🍃	🍃🍃	🍃
Aprikose							🍃🍃	🍃🍃				
Birne								🍃🍃	🍃🍃	🍃🍃	🍃	🍃
Blaubeere						🍃🍃	🍃🍃	🍃🍃	🍃🍃			
Brombeere							🍃🍃	🍃🍃	🍃🍃			
Erdbeere						🍃🍃	🍃🍃					
Himbeere						🍃🍃	🍃🍃	🍃🍃				
Holunderbeere									🍃🍃	🍃🍃		
Johannisbeere						🍃🍃	🍃🍃	🍃🍃				
Kirsche						🍃🍃	🍃🍃	🍃🍃				
Mirabelle								🍃🍃	🍃🍃			
Pfirsich							🍃🍃	🍃🍃				
Pflaume							🍃🍃	🍃🍃	🍃🍃			
Quitte									🍃🍃	🍃🍃	🍃🍃	
Rhabarber				🍃🍃	🍃🍃	🍃🍃						
Stachelbeere						🍃🍃	🍃🍃	🍃🍃				
Wassermelone								🍃🍃	🍃🍃			
Weintraube									🍃🍃	🍃🍃		
Zwetschge							🍃🍃	🍃🍃	🍃🍃	🍃🍃		

Blattsalate	Jan.	Feb.	März	April	Mai	Juni	Juli	Aug.	Sep.	Okt.	Nov.	Dez.
Batavia					🍃🍃	🍃🍃	🍃🍃	🍃🍃	🍃🍃			
Chicorée	🍃🍃	🍃🍃	🍃🍃	🍃🍃						🍃🍃	🍃🍃	🍃🍃
Eichblattsalat					🍃🍃	🍃🍃	🍃🍃	🍃🍃	🍃🍃	🍃🍃		
Eisbergsalat						🍃🍃	🍃🍃	🍃🍃	🍃🍃	🍃🍃		
Endivie					🍃🍃	🍃🍃	🍃🍃	🍃🍃	🍃🍃	🍃🍃	🍃🍃	🍃🍃
Feldsalat	🍃🍃	🍃🍃	🍃🍃	🍃🍃						🍃🍃	🍃🍃	🍃🍃
Kopfsalat					🍃🍃	🍃🍃	🍃🍃	🍃🍃	🍃	🍃🍃		
Lollo Rosso					🍃🍃	🍃🍃	🍃🍃	🍃🍃	🍃🍃	🍃🍃		
Portulak	🍃🍃	🍃🍃	🍃🍃	🍃🍃			🍃🍃	🍃🍃	🍃🍃	🍃🍃	🍃🍃	🍃🍃
Radicchio	🍃	🍃						🍃🍃	🍃🍃	🍃🍃	🍃🍃	🍃
Rucola					🍃🍃	🍃🍃	🍃🍃	🍃🍃	🍃🍃	🍃🍃		

🍃🍃 Frisch aus heimischem Anbau verfügbar
🍃 Als Lagerware aus heimischem Anbau verfügbar

Register

Dank

An meine ganze Familie, die jetzt weiß, was »ÖKO« wirklich bedeutet und die beim Essentesten immer freudig zugelangt hat. Danke, ihr seid meine liebsten Feinschmecker!

An Julia, die weltbeste Food-Fotografin, die mit mir durch dick und dünn gegangen ist und noch frisch war, wenn das Gemüse längst schlapp gemacht hatte.

An das gesamte Team von Dorling Kindersley! Besonders an Monika Schlitzer, meine großartige Programmdirektorin, die von der Idee der Hofladenküche spontan begeistert war. Von ihr stammt der legendäre Satz: »Hofladenküche? Das hört sich nach menschlicher Nähe, warmen Gefühlen und frischer Kuhmilch an.« Danke auch an Elke Homburg für das Projektmanagement.

An Catherine Avak für Gestaltung, Typo und Realisation.

An Matthias Schmitt, den besten Bio-Koch, für die wunderschönen Requisiten aus seiner Sterne-Küche, seine Inspiration und sein superleckeres Quinoa-Rezept. Merci!

An viele Freunde und Firmen, die uns großzügig mit Informationen, schönem Geschirr, Stoffen und Materialien ausstatteten. Danke an Margit, Monika und Nicki: Sie haben die schönsten Stücke ihrer privaten Requisiten-Sammlungen zur Verfügung gestellt, danke auch an Gabi Schwall, Eva Kraus, Ivo & Kirsten Schwarzkopff , Sangram Singh Pabla und Thomas Schmedding für ihre Unterstützung. Danke an Catharina Karn für die wunderschöne Location in Schlitz im Vogelsberg. Sorry für das Chaos in der Küche während des Shootings! Ein besonderer Dank an Emily für die Beseitigung der Spuren in der Testküche!

Für den Durchblick im Ökodschungel haben mir in Fragen des ökologischen Landbaus, der Produktion und Zertifizierung von Bio-Lebensmitteln auskunftsfreudige Bio-Experten mit Rat und Tat zur Seite gestanden. Besonderer Dank gilt dabei Felix Prinz zu Löwenstein, Robert Hermanowski, Boris Liebl und Ulrike Netzker von Foel.

An Andrea Peters vom Frischezentrum für die Einblicke in die Versorgung der Stadt Frankfurt mit frischem Obst und Gemüse aus dem Bio-Anbau. Und natürlich an Ferhat Subasi von »Sultans Garten«, der immer die frischesten Bio-Kräuter und Gewürze auf Lager hatte.

An die ÖKO-Verbände, besonders an Demeter, Naturland, Bioland und Biokreis und alle Hofläden, die begeistert mitgemacht haben: Carsten Carius vom Rinderhof in Rheinland-Pfalz, Ludolf von Maltzan im Ökodorf Brodowin in Brandenburg, Karl Schweisfurth von den Herrmannsdorfer Landwerkstätten in Bayern, der Familie Palm in Bornheim/ Nordrhein-Westfalen und Hilke Kruse vom Biohof in Eschede/ Niedersachsen.

Besonderer Dank den Götzfried's für die Unterstützung mit »wilden« Requisiten; danke an Michael Christ und Claudia Kappler von der Fasanerie der Stadt Frankfurt für ihre Inspiration und ihre spontane Hilfe bei der Suche nach einem fotogenen Wildschwein im strömenden Regen.

Regina Schneider, erfahrene Bestsellerautorin und erfolgreiche Kochbuchautorin, arbeitet für internationale Verlage zu den Themen Einkaufen, Kochen und Genuss. Sie ist vielfache Preisträgerin des angesehenen Gourmand World Cookbook Award. In Süddeutschland aufgewachsen, hat sie eine Vorliebe für die regionale Küche mit hand- und hausgemachten Köstlichkeiten. Sie hatte die Idee für das Buch, entwickelte Rezepte und Foodstyling und schrieb die Texte. Die Foodexpertin lebt mit ihrer Familie in Frankfurt am Main.

Julia Bengeser, freie Fotografin und Bildjournalistin. Zu ihren Kunden zählen große deutsche Zeitschriften- und Buchverlage. Für die perfekte Aufnahme und gutes Essen ist ihr kein Weg zu weit, am liebsten sind ihr Gerichte aus regionalen Produkten. Sie lebt und arbeitet in Frankfurt am Main.

DORLING KINDERSLEY
London, New York, Melbourne, München und Delhi

Bibliografische Information Der Deutschen Bibliothek
Die Deutsche Bibliothek verzeichnet diese Publikation in der Deutschen Nationalbibliografie; detaillierte bibliografische Daten sind im Internet über http://dnb.ddb.de abrufbar.

Idee und Text: Regina Schneider, Frankfurt am Main
Textassistenz: Johanna Pabla, Frankfurt am Main
Fotos: Julia Bengeser, Frankfurt am Main
(außer: S.138 und S. 153 Katrin Wilke)
Make up Fotos: Steff Wilkenloh, Frankfurt am Main
Foodstyling und Requisiten: Regina Schneider, Frankfurt am Main
Redaktion und Lektorat: Claudia Krader, München
Gestaltung, Typografie, Realisation: Catherine Avak, München
Repro: Repro Ludwig Prepress & Multimedia GmbH, Zell am See

Für den Dorling Kindersley Verlag
Programmleitung: Monika Schlitzer
Projektbetreuung: Elke Homburg
Herstellungsleitung: Dorothee Whittaker

ISBN 978-3-8310-2193-2

Druck und Bindung: Firmengruppe Appl, aprinta Druck, Wemding

Besuchen Sie uns im Internet:
www.dorlingkindersley.de